U0933762

贵州省高校人文社会科学研究项目资助
“贵州乡村教育发展路径研究”（2024RW251）

小学语文想象类习作教学研究

陈　露◎著

图书在版编目（CIP）数据

小学语文想象类习作教学研究 / 陈露著. -- 北京：九州出版社，2025. 5. -- ISBN 978-7-5225-4010-8

1. G623. 242

中国国家版本馆 CIP 数据核字第 2025SC7901 号

小学语文想象类习作教学研究

作　　者　陈　露　著
责任编辑　陈丹青
出版发行　九州出版社
地　　址　北京市西城区阜外大街甲 35 号（100037）
发行电话　（010）68992190/3/5/6
网　　址　www. jiuzhoupress. com
印　　刷　三河市华东印刷有限公司
开　　本　710 毫米×1000 毫米　16 开
印　　张　13. 5
字　　数　219 千字
版　　次　2025 年 5 月第 1 版
印　　次　2025 年 5 月第 1 次印刷
书　　号　ISBN 978-7-5225-4010-8
定　　价　89. 00 元

目　录
CONTENTS

绪　论

在语文教学中，作文教学占据着举足轻重的地位，它既是教学的重点，也是教师和学生普遍面临的一个难点。想象类习作不仅要求学生具备良好的语言表达能力和丰富的想象力，还需要他们能够将所学知识灵活运用，形成结构完整、有条理的篇章。因此，如何有效提升学生的写作能力，不仅是培养学生综合素质的关键一环，也是对语文教师的一大考验。有效的作文教学，能够积极推动学生核心素养的发展，直接关系到他们在未来的学习、工作和生活中有效运用语言文字的能力。

民国时期，阮真先生就指出："今日中学生国文成绩之不良，其最显著者，莫如作文；中学国文教学之问题，最复杂者，亦莫如作文。旧式教师，于命题练习批改，犹不脱科举时代之习气！新式教师，一任学生自由写作，几无所谓教法矣"。[①] 新世纪以来，倪文锦教授指出："当前中小学的写作教学有效性不高是一个不争的事实，如何提高写作教学的有效性已经成为困扰基础教育语文教学的一大难题。在各个学段，努力提高学生的写作水平是学生、家长乃至整个社会的迫切要求和强烈愿望。"[②] 王荣生教授指出，"在我国中小学的语文课里，几乎没有写作教学"，当前"写作教学的主要症结"在于"'文学性的散文'应试化与'虚情假感'的盛行"[③]。荣维东教授也指出我国中小学写作教学的主要问题有三个：不愿写，绝大多数学生对作文不感兴趣；没的写，没内容、没素材、没有东西可写；不会写，没有词句，不会

---

① 阮真．中学作文教学研究［M］．上海：民智书局，1929：自序．

② 倪文锦．挑战与应答：语文教学科学化、艺术化的追求［M］．济南：山东教育出版社，2012：187.

③ 王荣生．中国的语文课为什么几乎没有写作教学［J］．语文教学通讯（初中刊），2007（12）．

表达，不会结构文章等。[①] 近百年来，学界一直致力于解决写作教学中存在的问题，探索有效的写作教学模式与路径。

一、写作教学研究概览

有关写作教学与研究，百年来产生了大量的研究成果，兹述如下：

晚清民国时期的写作教学从课程纲要、课程标准、教科书、作文法等方面都展现出了由传统向现代过渡的色彩，形成了现代写作教育的基本格局和教学范式，并为现代语文写作教学的发展奠定了坚实的基础。

首先，这一时期的写作教学已经有了理论的积累。写作教学的指导思想开始由"应试"转向"实用"。随着白话文运动的开展，关于文言文写作和白话文写作的讨论日益热烈。此外，对于口语与写作的关系、写作训练、写作与阅读的关系、作文命题、作文批改等写作的基本内容也有了更深入的探讨。[②] 对写作教学的研究逐渐开始注重主体性和科学化。其中值得一提的是，此时期出现了有关写作心理的研究，如高人瑞先生的《小学作法学习心理的研究》一文，便对小学生作文学习心理做了有益的探索。[③] 夏丏尊先生"为文忘记读者"和朱自清先生写作练习"不能没有假想读者"的主张，均显示出他们开始关注读者这一写作本体。[④] 阮真先生运用教育科学研究方法进行语文教学研究，制定了中学作文教学标准、批分标准，并对批分标准进行了分类量化，开拓了作文教学研究的科学化领域。[⑤]

其次，这一时期的教学法著作、专门的写作教科书、有关文章学的著作、课外读物也值得关注。从教学法著作来看，这类著作往往把写作作为语文教学的一个重要组成部分。如《新著国语教学法》（黎锦熙，1924），是我国现代第一部国语教学法著作，该书中的作文教学法尤其注重文法教学[⑥]。《小学国语科教学法》（赵欲仁，1927）、《中学国文教学概要》（王森然，1929），

---

① 荣维东．我国写作教学的主要问题及其解决路径［J］．课程·教材·教法，2012，32（11）：62-67.

② 潘新和．中国现代写作教育史［M］．济南：济南出版社，2017：5-12.

③ 高人瑞．小学作法学习心理的研究［J］．江苏省小学教师半月刊，1936（13）．

④ 商金林编．朱自清教育文存［M］．北京：人民教育出版社，2018.09：395.

⑤ 阮真．中学作文教学研究［M］．上海：民智书局，1929.

⑥ 黎锦熙．新著国语教学法［M］．上海：商务印书馆，1924.

则提供了大量的习作教学资料。其中，值得一提的是徐子长先生的《小学作文教学法》，该书出版于 1928 年，由商务印书馆发行，是我国现代第一部小学作文教学法专著。该书从“思想训练的步骤”“语言的练习”“文字的练习”“文章的研究”等方面展开论述，潘新和教授认为“该书所论作为教学法内容较为丰富全面，其系统性、条理性均属上乘。”① 从专门的写作教科书来看，如《中学以上作文教学法》（梁启超，1925）、《作文法讲义》（陈望道，1922）、《文章作法》（夏丏尊、刘薰宇，1926）等，他们或偏重教授作文法，或偏重传授作文法知识，或偏重作文基本技能的训练等。从文章学的著作来看，《文章例话》（叶圣陶，1937）、《文章讲话》（夏丏尊、叶圣陶，1938）等都采用通俗易懂的形式让学生对于写作知识有了更进一步的了解。此外，课外读物如《文心》（夏丏尊、叶圣陶，1934）“用故事的体裁来写关于国文的全体知识”②，生动周到，深入浅出，将抽象的语文知识用生动的故事情节和具体的场景展现了出来。

新中国成立以来，我国语文教学在积极学习苏联的基础上，大胆进行“汉语”“文学”分科实验。在写作教学方面，也积极向苏联学习，为写作教学注入了新的活力。但在重知识、轻能力的整体氛围中，写作教学并未获得应有的重视。1963 年制定的《全日制中学语文教学大纲草案》在夹缝中熠熠生辉，明确了作文作为四大教学内容之一，“以培养学生阅读能力和写作能力的顺序为主要线索，组成由浅入深、循序渐进的体系”。在写作指导上，除了继承传统的指导经验外，提倡教师写“下水”作文，以期通过教师自身的写作感受给予学生切实的写作指导（叶圣陶，1964）③。“文革”后，面对学生语文基础普遍薄弱的现状，教育界开始强调“双基”。

改革开放后，针对语文教育过于强调“双基”而忽视“学生智力发展”的现状，提出了“加强基础，培养能力，发展智力”的口号。“发展智力”要通过多种多样的训练，尤其关注学生思维能力的提升。如上海育才中学提倡学《西游记》、写《西游记》的读写结合，在这一过程中，除了关注到阅读与写作的关系外，还注重培养学生的想象能力，开发学生的智力。自此教学大纲将“训练”放在了语文教学的核心地位，并一直持续到 2001 年的第八

① 潘新和．中国现代写作教育史［M］. 济南：济南出版社，2017：130.

② 夏丏尊，叶绍钧合著．文心［M］. 上海：开明书店，1934.

③ 朱永新编．叶圣陶教育名篇选［M］. 北京：人民教育出版社，2014：382.

次基础教育课程改革。

1980 年《全日制十年制学校中学语文教学大纲（试行草案）》中指出："作文教学是语文教学的一个重要组成部分，学生语文学习得怎样，作文可以作为衡量的重要尺度，应十分重视。"在 1981 年教育部颁布的《全日制六年制重点中学教学计划试行草案》中明确规定："语文课分阅读课和写作课"。这是自语文独立设科以来，第一次在课程标准和教学大纲中出现了"写作课"的提法。在此之前，往往采用"写作"或"作文教学"的提法。虽然在教学大纲中强调了"写作"的重要性，但在语文教材中，写作教学的内容还不够明确，特别是在综合型教材的编写中，写作训练板块尚缺乏系统性和科学性。1978 年到 1988 年的十年间，教育部颁布了四个教学大纲，四者继承并强化了"双基"训练，并在八九十年代形成了以"三大文体知识"为主体的训练体系。

在写作教法上，很多老师将作文分成若干个训练点，进行系统化训练，如刘朏朏和高原老师的"作文三级训练体系"、周蕴玉和于漪老师的"作文双轨训练体系"、常青老师的"作文分格教学法"等。在教学过程的安排上，陆继椿老师的"分类集中分阶段进行语言训练"实验以文体写作能力培养为主来组织教学程序；广西教育学院的"初中语文读写训练体系"实验则是以读写能力培养为主组织教学；鞍山十五中的"初中语文教改实验"则是以听说读写四种能力培养为线索来组织教学。这些写作改革与实验为写作训练的科学化做出了重要贡献。

与此同时，教材编写在"一纲多本"的新局面下呈现出一片繁荣。各地积极探索出版了很多实验教材，其中有将"阅读"和"写作"进行单独编排的尝试。如 1981 年中央教育科学研究所编辑的《阅读》和《作文》实验教材，1982 年中学语文编辑室组织编写了六年制重点中学初中语文课本《阅读》和《写作》，1986 年欧阳代娜主编了《初级中学语文阅读 · 写作课本》等，这些把"阅读"和"写作"教材分开编排的尝试，进一步丰富了学界对阅读与写作关系的认识，并将这一认识从感性的经验积累落实到了教材编写中来，为作文教学改革实验做了有益的探索。

21 世纪以来，新一轮基础教育课程改革逐渐推广。2001 年颁布的《全日制义务教育语文课程标准（实验稿）》明确提出写作时应"考虑不同目的和对象"，提倡"感情真挚""真实表达""有创意的表达"，注重"写作课程"

等新理念，为写作教学注入了新活力。2011 年教育部颁布了正式的《义务教育语文课程标准》，更加关注写作与生活的联系，“鼓励有创意的表达”，强调利用“信息技术与网络的优势”来“激发写作兴趣”。2016 年教育部发布了《中国学生发展核心素养》，明确了学生应具备的适应终身发展和社会发展需要的必备品格和关键能力。2017 年教育部颁布了《普通高中语文课程标准（2017 年版）》，并于 2020 年进行了修订。2022 年教育部颁布了《义务教育语文课程标准（2022 年版）》，研究者开始关注作文与核心素养之间的联系，核心素养理念下写作教学范式的转型，以及新课标中写作教学要求的新变化等。

在写作教材上，2001 年颁布的《基础教育课程改革纲要（试行）》明确“实行国家基本要求指导下的教科书多样化政策”。各地编写的高中教材中，有了专门的写作选修教材，受到好评的如人教版《文章写作与修改》、苏教版的《写作》、粤教版的《常用文体写作》等。2016 年中共中央办公厅、国务院办公厅联合印发了《关于加强和改进新形势下大中小学教科书建设的意见》，从制度层面明确了教科书建设是国家事权。2017 年 7 月国务院发布通知，决定成立国家教科书委员会，显示了国家层面对教材工作的高度重视，这是新中国成立以来首次设立的相关委员会，也意味着教材编写“一纲多本”时代的结束，语文教材进入“统编、统审、统用”的时代。2016 年秋季学期，义务教育语文统编教材开始投入使用，至 2019 年秋季学期，实现所有年级“全覆盖”。2019 年秋季学期，普通高中语文统编教材正式投入使用，至 2022 年秋季学期，实现所有省份“全覆盖”。随着统编教材在全国范围内的使用，不少学者开始关注统编教材中写作体系的编排和教学。

这一时期的写作教学研究，随着课程改革、教学理念的更新，一方面深化了有关写作教学的基本问题研究，研究者们继续关注写作训练及其序列、写作评分标准、写作命题、写作兴趣等，并呈现出新的研究气象，如对于作文批改的看法更加科学，对作文评分标准及其与评改质量之间的关系进行了质性和量化研究；对于命题，在关注作文训练命题的基础上，更加关注高考作文的命题，并开始借鉴国外作文命题的经验，如《关键词的多义性问题——2007年命题作文的复兴》[①]《透析美国新版“高考”写作试题》[②] 等文。另一方面，拓宽了写作教学的研究视角，很多学者开始关注到过程写作、交际语境写作、写作课程范式、写作学习环境等内容。如荣维东教授《写作课程范式研究》一文认为中外写作课程大致经历了三种“范式转换”，即文章写作、过程写作、交际语境写作，并指出这三种写作课程范式的转换，都引起了写作课程与教学的重大变革[③]。周子房博士的《写作学习环境的建构》一文从活动理论的视角尝试探讨如何“建构为学生提供有效支持的写作学习环境”[④]。邓彤教授的《微型化写作课程研究》一文则从课程和教学两个层面将写作任务细化为学习单元和学习元素[⑤]。此外，叶黎明、李海林、潘新和、李乾明、蔡伟、林一平、魏小娜、胡根林、郑桂华等学者强调写作的读者意识、文体意识、目的意识、语体意识、过程写作、真实写作等，都从某个侧面体现出对写作的交际语境要素的关注。

同时，也有学者将写作教学置于更加宏观的学科视野之下进行研究。如潘新和教授《中国现代写作教育史》一书以写作学和语文教育史的角度切入，从写作教育概观、写作教学“章程”和教学实践、写作学研究述要等方面梳理了清末民初到20世纪40年代的写作教育思想发展脉络[⑥]。特别值得一提的是洪宗礼老师等主编的《母语教材研究》丛书，该书分中国百年语文课程教科书教材的演进、中国百年语文教材教科书编制思想评析、中国百年语文教材评介、中国百年语文教科书课文评选、外国语文课程教材综合评介、外国语文课程标准译介、外国语文教材译介、外国学者评述本国语文教材、语文教材编制基本课题研究、中外比较视野中的语文教材模式研究十个专题，纵向梳理了国内百年来多种版本课程标准、大纲、教科书的演变，横向对比、介绍了四十多个国家和地区的母语课程教科书，其中第十卷“呈现了中外母语教材多样的研制模式及所蕴含的丰富的理论内涵”，收录其中的《写作主线

① 孙绍振．关键词的多义性问题——2007年：命题作文的复兴［J］．语文学习，2007（Z1）：4-7.

② 刘淼，王立敏．透析美国新版“高考”写作试题［J］．语文教学通讯，2007（28）：60-62.

③ 荣维东．写作课程范式研究［D］．华东师范大学，2010.

④ 周子房．写作学习环境的建构［D］．华东师范大学，2012.

⑤ 邓彤．微型化写作课程研究［D］．上海师范大学，2014.

⑥ 潘新和．中国现代写作教育史［M］．济南：济南出版社，2017.04.

型语文教材》一文，从内涵、组织方式、基本模式、理论基础和评价五个方面对写作主线型语文教材做了全面介绍，并认为“写作主线型语文教材不仅突出了语文教学中最基本也是最具有难度的写作能力培养，同时兼顾了阅读、听说（口语交际）、语文知识等方面的内容，是一种比较理想的教材编写模式，在语文教材编写体系中占有重要位置。”①

百余年来，众多学者、专家、教师围绕写作教学，对课程标准、教材、教法展开了深入的探索，奠定了当代语文写作教学研究的基本框架，影响深远。但是，把当前有关写作的课标要求、教科书编写、教法放在一个整体框架中时，就会发现三者之间有时会出现断层、不匹配的现象。当然，这也是多年来中小学阶段写作教学效率低下的原因之一。

二、小学想象类习作教学研究现状

2016 年秋季学期，小学一年级开始使用统编语文教材，至 2019 年秋季学期，小学各年级已全部使用统编语文教材。2024 年秋季学期，一年级开始换用修订版统编教材。统编教材作为综合型教科书，对于写作的编排有其独特的体系。

2016 年开始启用的小学语文统编教材，共选编想象类习作 15 次。其中，第一学段主要是写话，教材中安排了 3 次想象类写话练习。第一次想象类写话出现在二年级上册“语文园地七”的“写话”板块。这次写话以学生喜欢的猫和老鼠为话题，通过三个问题引导学生观察图画，展开想象把故事写完整。第二次想象类写话出现在二年级下册“语文园地四”的“写话”版块，教材在这次写话中提供了展现小虫子、蚂蚁和蝴蝶一天经历的四幅图和关于时间的四个词语，希望学生能够根据图片，发挥想象，借助词语按照时间顺序把小虫子、蚂蚁、蝴蝶一天的经历写下来。第三次写话出现在二年级下册“语文园地八”的“字词句运用”版块，教材出示了描写太阳害怕的例句，请学生根据例句和提示想象画面，写句子。这一学段的三次想象类写话，或创造想象的情境——图，或提供想象的策略——画面，在写话时要求较低——仿写，为学生的想象提供了充足的支架。

---

① 洪宗礼，柳士镇，倪文锦主编．母语教材研究（10）［M］．南京：凤凰出版传媒集团；南京：江苏教育出版社，2007：141-142.

第二学段有 7 次想象类习作。本学段教材编写以文字表述为主，篇数明显增加，注重训练学生想象的连贯性。例如，四年级上册的《我和______过一天》，想象自己跟神话或童话故事中的人物在一天中发生的故事，要求想得有条理，有依据。另外，小学阶段唯一一个以想象能力为要点的习作单元编排在这一学段的三年级下册的第五单元，需特别关注。

第三学段有 5 次想象类习作。这一学段对于想象类习作的要求有所提高，不仅要求学生能够想象场景和事情，还要求学生编出来的故事能有情境、有情节、有趣；在结构上要会“列提纲、分段叙述”，能注意到情节的转折，能把重点部分写得详细一些；在故事类型上不仅能编生活故事，还能编科幻故事。

小学阶段语文教材在编排习作（写话）内容时，充分考虑了学生的身心发展特征、教材的主题单元划分以及语文训练要素的重点，旨在通过引导学生从想象的路径、视角及表达方式等多个维度入手，细心呵护并激发学生的想象力和创造力。这一过程遵循由易到难的原则，逐步促进学生想象能力的发展，并有效落实学生核心素养的发展。

近年来，围绕想象类习作的教学问题，学界展开了系列研究。具体来看，近年来已有研究主要包括以下几个方面：

第一，有关想象类习作教学目的、教学价值的研究。2019 年《小学语文教师》编辑部组织了吴勇、杨文华、徐俊、汪璐璐、周爱华、周海波、王蕾、庞芳、王宁、朱卉等学者、编辑、教师围绕统编教材小学语文想象类习作“教”什么、统编教材想象类习作教学内容是否有“连续性”、如何理解想象类习作的“合理性”展开了对话。① 本次对话，涉及教材编写、教学内容选择、教学方法等内容，是学界有关想象类习作的一次重要讨论。

叶黎明教授《想象类习作指导的目标、取向与策略》一文指出了课标对想象类习作学段要求的梯度性问题。低段的要求就是“写”，重在参与、体验；中段要求“不拘形式地写”；高段的要求又上了一个层次，要求从“写话”进阶到“写文章”，从“写清楚”进阶到“写具体”，且“感情真实”，能“分段表述”。② 叶黎明教授认为想象类习作价值有两种取向：其一，“作

① 吴勇，杨文华等．想象类习作“教”什么，怎么“教”——统编教材小学语文想象类习作教学谈［J］．小学语文教师，2019（10）：66-68.

② 叶黎明．想象类习作指导的目标、取向与策略［J］．小学语文教师，2019（12）：4-9.

为课程内容的想象类习作，低段学习的目的是让学生‘写过’，重在‘体验’”；其二，“作为教学活动或方法的想象类习作，教学目的不只是‘写过’，还要通过写作教授语文知识，包括写作技巧”。① 吴勇《让学生在习作中富有“创造感”——想象类习作教学探究》一文指出“想象类习作，最能体现学生言语的创造力”，想象类习作教学除了“教学生学会想象”“培养学生的想象力”外，还需要特别重视“艺术的语言形式”。开发能够发挥指导作用的想象类习作知识，包括习作内容性知识、习作思维性知识、习作技能性知识等。② 他们都肯定了想象类习作在培养学生想象力和提升学生语言表达能力两方面的价值。

第二，有关统编教材想象类习作编排特点的研究。王少莹《统编小学语文教材想象类习作编排特点与教学建议——以第二学段为例》一文指出统编教材按照序列化的习作要素进行编排，能够有效助推教师的“教”与学生的“学”，并将教材中想象类习作编排特点归纳为提供支架与信息，降低习作难度；“我”的介入，强化习作的交际功能；关注学段的衔接过渡，习作难度拾级而上；整体规划为主，局部强化巩固为辅四个。③ 仲群群《部编版教科书想象类习作编排特点与教学策略》一文将统编教材中想象类习作的编排特点总结为内容编排上联下挂、知识运用“瞻前顾后”和指导形式左顾右盼三点。④ 常冰《依托教材，探寻想象路径》一文认为统编教材有意按照“序列化”编排想象作文训练，并指出想象作文在培养小学生想象力、发展创造性思维中具有重要价值。⑤ 颜琳《基于心理学理论的小学语文统编教科书想象习作的实施策略》一文也指出，“统编教科书的想象习作编排完善了训练体系，使想象习作要素训练序列化、细致化”。⑥以上论文肯定了统编教材关注

---

① 叶黎明．想象类习作的两种价值取向［J］．课程教材教学研究（小教研究），2020（Z5）：91.

② 吴勇．让学生在习作中富有“创造感”——想象类习作教学探究［J］．小学语文教学，2020（13）：40-42.

③ 王少莹．统编小学语文教材想象类习作编排特点与教学建议——以第二学段为例［J］．福建教育学院学报，2023（11）：28-31.

④ 仲群群．部编版教科书想象类习作编排特点与教学策略［J］．小学生作文辅导（语文园地），2021（11）：49-50.

⑤ 常冰．依托教材，探寻想象路径［J］．小学语文教学，2022（08）：7-9.

⑥ 颜琳．基于心理学理论的小学语文统编教科书想象习作的实施策略［J］．中小学教材教学，2022（02）：51-55.

想象要素的序列化、注重教师的指导、提供习作支架等特点。

第三，关于小学想象类习作教学中存在问题的研究。该类文章总结了小学想象类作文中普遍存在的问题。李秀梅《想象作文教学的问题与对策》一文从教师和学生两个层面总结了当前想象作文教学中存在的问题。从教师层面来看，存在对想象作文的价值和目标还不太清晰、忽视通过情景手段激发学生想象、指导偏离语言表达、评价观念有失偏颇等问题；从学生层面来看，存在畏难情绪、表达受限、想象情节单一、缺乏新意、内容分散、想象游离随意等问题。同时指出，“现实束缚和思维定势抹杀想象”也是当前小学想象作文面临的问题。① 潘雪《统编小学中段语文想象作文教学现状及策略研究》则认为学生层面存在想象内容缺乏创新、想象具有随意性、习作内容大同小异、语言表达能力欠缺、习作内部动机缺失等问题；教师层面存在理论储备不足、教学方法不当、评改反馈不足等问题。② 二者总结的想象作文教学中存在的问题基本一致。张祝莲《自由想象，也要有“度”——统编教科书想象类习作常见问题及教学建议》一文也总结了当前想象类习作教学中存在忽视学段要求、脱离原有表象、内容单薄乏味等问题。③ 谢雪芬《小学想象作文教学存在的问题及对策研究》一文主要从教师对想象作文理解的偏差、对想象作文重视的不足、教想象作文专业知识的匮乏和对学生写作主体地位的忽视等方面来分析想象类习作教学存在的问题④。贺文清《想象作文教学研究》一文指出人教版教材在习作训练的编排上存在作文题目忽视儿童特点、缺乏对想象的关注、过于关注思想性的训练等问题⑤。戚荣慧《紧扣核心信息提升三种能力——写好神话类想象习作教学谈》一文认为习作教学难度大，主要原因在于学生在表达过程中缺乏自我表现力、缺乏人物的刻画力、缺乏内在故事力。⑥ 多数论文从教师和学生两个角度总结了想象类习作教学中存在的问题，也有部分论文立足教材编写，寻找问题。

---

① 李秀梅．想象作文教学的问题与对策［D］．南京师范大学，2021.

② 潘雪．统编小学中段语文想象作文教学现状及策略研究［D］．杭州师范大学，2023.

③ 张祝莲．自由想象，也要有“度”——统编教科书想象类习作常见问题及教学建议［J］．福建教育，2021（44）：44-46.

④ 谢雪芬．小学想象作文教学存在的问题及对策研究［D］．闽南师范大学，2017.

⑤ 贺文清．想象作文教学研究［D］．山东师范大学，2012.

⑥ 戚荣慧．紧扣核心信息提升三种能力——写好神话类想象习作教学谈［J］．小学语文教学，2022（20）：11-12.

第四，关于小学想象类习作训练方式、教学策略的研究。有的文章还关注到了小学想象类作文训练的方式。如陈关根《浅谈想象作文训练》一文将想象作文分为看图想象作文、童话式的想象作文、凭借课文进行想象作文等类别，并提出了凭词想象、以观赏方式写想象作文、情境想象等训练方式。① 许彬平《小学想象作文训练方法初探》一文通过在教学中运用收集素材、创设情境、换位思考等训练方法鼓励学生写想象作文②。

也有的文章从教师角度出发，关注想象作文的指导和教学策略。如王学梅《小学中年级想象作文指导策略探讨》一文从看图作文指导、课文续写指导、童话故事指导等方面探讨了想象作文写作的指导策略③。叶汉波《小学生想象作文的几点探索》一文提出了改善小学生想象作文写作现状的具体策略："立足社会生活，鼓励学生想象；借助范文延伸，启发学生想象；写画两相结合，丰富学生想象；引导学会组合，加强学生想象；通过童话引路，拓展学生想象。"④ 李秀梅《想象作文教学的问题与对策》一文提出了提升教师专业写作素养、提升学生自身能力水平、合理组织课程及教学内容、改进想象作文指导训练、完善想象作文评价准则五个方面的想象类习作教学策略。⑤ 夏永恒认为教师应"通过思维可视化，探索想象习作的知识与技能"。⑥ 陆月珍指出教师可以根据想象类习作所需的知识，巧设群文议题，实现学生读与写的有效发展。⑦ 潘雪提出了"激发学生想象的兴趣，提高学生的想象力；多种途径提升能力，夯实教师的理论素养；优化教学方法，推动学生想象生成；完善评价标准，创新评价方式"等想象类习作教学策略。⑧

也有文章强调充分利用各种资源来探索想象类习作教学的新路径、新策略。吴云《小学中段习作教学中微电影资源的开发利用研究》一文⑨将微电

① 陈关根．浅谈想象作文训练［J］．青海教育，2005（05）：28-29.
② 许彬平．小学想象作文训练方法初探［J］．福建基础教育研究，2016（06）：79-80.
③ 王学梅．小学中年级想象作文指导策略探讨［J］．宁夏教育，2016（06）：68-69.
④ 叶汉波．小学生想象作文的几点探索［J］．教育教学论坛，2013（37）：219-220.
⑤ 李秀梅．想象作文教学的问题与对策［D］．南京师范大学，2021.
⑥ 夏永恒．以思维可视化促进学生习作的具体化——以统编教材五年级下册"神奇的探险之旅"教学为例［J］．语文教学通讯·D刊（学术刊），2021（08）：22-24.
⑦ 陆月珍．群文议题打通学生想象习作——以统编版五年级下册《神奇的探险之旅》为例［J］．第二课堂（D），2021（08）：91-92.
⑧ 潘雪．统编小学中段语文想象作文教学现状及策略研究［D］．杭州师范大学，2023.
⑨ 吴云．小学中段习作教学中微电影资源的开发利用研究［D］．西南大学，2021.

影引入到习作课中，并介绍了小学中段习作教学中微电影资源的开发策略。袁圆《小学中段绘本想象习作教学研究》一文则将绘本引入到想象习作教学之中，构建了小学中段绘本想象习作的教学内容，详细论述了“教什么”和“用什么教”的教学内容，为想象类习作教学提供了新思路。[①] 刘敏瑜，费敏伟则尝试将思维导图引入到想象类习作教学之中，“通过思维导图，将习作的思维过程序列化、直观化、具体化，可以帮助学生觅得语言表达的内容，明确语言表达的规范，领悟语言表达的结构，有效提升习作能力和习作水平”。[②]

此外，司丹丹《在想象类习作教学中搭建体验型学习支架的策略——统编版三年级上册第三单元“编写童话”的习作指导课型探微》（2020）、谢婷婷《依托统编教材搭建想象类习作的支架》（2020）、金玉霞《支架在小学中段想象故事习作教学中的应用策略研究》（2022）、顾晓梅《以习作支架助力想象力与表达力和谐共生》（2023）、韩晨《想象类习作支架的搭建与运用教学探究》（2023）等文章，围绕“支架”，探索想象类习作教学的新路径。

第五，关于小学不同学段想象类习作教学差异性的研究。小学不同学段想象类习作的教学差异性也进入了研究视野，或以某个小学为例探究某一学段想象作文教学的现状和教学策略，或关注某一学段想象作文教学的目标、内容及教学模式，为一线教学提供了实践性和针对性较强的教学策略。

朱丽凤《学段视域下想象类习作教学》一文认为教师应采取序列化教学方式，促进学生想象类习作能力的梯度提升，关注不同学段的阶段性差异：第一学段要注重呵护学生的想象；第二学段要注重丰富学生的想象；第三学段要注重对学生想象的评价。[③] 何依洋《巧用“联结”兼顾情理——关照中低年段儿童想象类习作的合理与大胆》一文探讨了如何运用“联结”的策略，关照中低年段儿童想象类习作的合理与大胆。[④] 黄晓倩《小学第二学段想象作文教学探究》一文从分层次指导及分类别指导两个角度具体论述小学第二

---

① 袁圆．小学中段绘本想象习作教学研究［D］．西南大学，2020.

② 刘敏瑜，费敏伟．思维导图：为想象类习作打开一扇窗［J］．教育研究与评论（小学教育教学），2019（06）：58-62.

③ 朱丽凤．学段视域下想象类习作教学［J］．小学教学参考，2024（22）：90-92.

④ 何依洋．巧用“联结”兼顾情理——关照中低年段儿童想象类习作的合理与大胆［J］．教育界，2022（14）：65-67.

学段想象作文的教学策略，包括激发兴趣、拓展想象力、言语训练三个层次的指导方法及童话寓言类、假想类、科幻类三个类别的想象作文教学策略。① 王丽萍《统编教材第三学段想象类习作教学的实践研究》一文针对第三学段学生写想象类习作中存在的问题提出“教师在教学时要全面剖析教材文本，考虑学情，由读到写，夯实想象的基础，落实和细化习作前、习作后的指导，搭建从想象到表达的支架，助力学生提高习作能力和想象力”。②

此外，李玉仪《小学高段想象类习作教学策略优化》（2021）、褚晓泓《支架：想象类习作教学的有力翅膀——以<奇妙的想象>一课为例谈中年级段想象类习作教学》（2021）、邱永康《浅谈第二学段想象类习作需要关注的维度》（2022）、朱筱松、余云坚《小学高年级想象习作的价值发现与教学实践》（2022）等文也关注到了不同学段想象类习作教学的差异及策略。

另外，也有研究关注到了农村或少数民族等学生基础薄弱地区的写作教学情况，如黄丽珊《农村小学想象作文教学探析》③、李利平《西北贫困地区农村小学作文教学之行动研究——以甘藏沟小学为个案》④ 等文。也有学者对不同国家或地区的写作教学进行了对比，关注小学母语写作的课程标准的差异性，如沈美贤《中芬小学母语写作的课程标准比较》一文⑤，或关注某一地区小学国语写作教材，如周妙妙《中国台湾地区康轩版小学国语写作教材研究》一文⑥。

综上，当前有关想象类习作教学的研究涉及想象类习作教学的目的、价值、特点、存在的问题、策略、学段差异等方面，已有研究较为充分，但也存在以下几个问题：

第一，已有研究更加关注小学作文教学存在的普遍问题，但对想象类习作教学存在的问题聚焦不足，与统编教材联系还不够紧密。已有研究多将想

---

① 黄晓倩．小学第二学段想象作文教学探究［D］．河北师范大学，2016.

② 王丽萍．统编教材第三学段想象类习作教学的实践研究［J］．教学月刊小学版（语文），2024（Z1）：102-104.

③ 黄丽珊．农村小学想象作文教学探析［J］．读与写（教育教学刊），2015（09）：194-195.

④ 李利平．西北贫困地区农村小学作文教学之行动研究——以甘藏沟小学为个案［D］．西北师范大学，2004.

⑤ 沈美贤．中芬小学母语写作的课程标准比较［D］．华东师范大学，2018.

⑥ 周妙妙．中国台湾地区康轩版小学国语写作教材研究［D］．杭州师范大学，2018.

象类习作研究置于类型学视野之下，从宏观视角探讨想象类习作的教学，未能充分考虑现行教材的编写体例，未能最大程度用好教材。

第二，已有研究对整个小学阶段想象类习作教学的整体性、连续性、衔接性关注不足。已有研究在谈到不同学段想象类习作教学时，仅集中在第二或第三学段的研究，对于整个小学阶段第二、第三学段之间想象类习作教学的连续性、衔接性以及整体性缺少关注，对于学生想象思维发展的整体性系统性关注不足。

第三，已有研究对一些偏远地区或者少数民族地区的关注较少。就这些地区而言，学生想象力的发展，受制于其时其地物质条件的限制。在这些地区的小学想象类习作教学中，应结合地区和学情的实际展开想象类写作的教学。

第四，已有研究对小学阶段学生心理发展的阶段性特征关注不足，尤其是对学生的写作心理发展的阶段性特征认知不足。只有充分认识小学生思维发展的阶段性特点，包括不同年龄段所展现出的认知能力差异、逻辑思维的形成过程、想象力的丰富程度以及语言表达能力的逐步提升等，才能更精准地把握小学想象类习作教学的学情，从而设计出更加科学合理的教学设计。

三、本研究的具体思路

本研究从当前小学中、高学段的想象类习作教学入手，调查、总结当前想象类习作教学中存在的具体问题，并尝试提出相应的想象类习作教学策略。具体来看：

第一，本研究以课程标准为导向，精读《义务教育语文课程标准（2011年版）》《义务教育语文课程标准（2022年版）》，了解课标的新理念和新变化，细致梳理、统计课标在课程理念、课程目标、总目标、学段要求、课程内容、学业质量、教材编写建议等处有关想象类习作的要求和内容，依标而教。

第二，本研究立足于统编小学语文教材，熟悉整套教材的编写框架与逻辑体系，系统梳理统编小学语文教材中想象类习作的编排思路和特点。

第三，本研究针对想象类习作的教学现状展开较为细致的调查，总结当前想象类习作的教学中存在的问题，并分析其原因。

第四，本研究从充分了解学生的写作心理、增强课程意识、用好教材、提高写作指导效率、完善习作评价体系等方面提出想象类习作的教学策略。

第五，本研究在实践层面，一方面，对当前已发表的想象类习作的教学设计或课例进行了较为全面的评析；另一方面，对现行教材中的 12 次想象类习作进行教学设计，以期进一步推动想象类习作教学的发展。

第一章

小学语文想象类习作教学现状调查及问题归因

为深入了解统编小学语文想象类习作教学的基本情况，本书采用问卷的方式分别从教师和学生角度调查想象类习作教学的实际情况，同时结合笔者参加“中小学教师国家级培训计划”、指导汉语言文学专业师范生实习的经历，通过数据整理与分析，总结当前想象类习作的教学现状，并针对问题进行归因、总结。

第一节　小学语文想象类习作教学现状调查

本问卷调查主要集中于G省D市，参与调查的学校性质不一，既有省级示范小学，也有城镇小学。参与本次调查的40位教师，从教学年级来看，一年级2名，二年级2名，三年级8名，四年级10名，五年级8名，六年级10名；从职称情况来看，中级职称教师35名，高级职称教师5名；从教龄情况来看，教龄10年以上的有10名，教龄5-10年的有14名，教龄3年以下的有16名。参与本次调查的学生共400名，从年级分布上看，以三四五六年级为主。其中，教师调查问卷实际回收40份，学生调查问卷实际回收375份。

本次统编小学语文想象类习作教学现状情况调查问卷分为教师卷和学生卷。教师卷从教师对想象类习作的认知、想象类习作的教学目标、想象类习作的教学内容及方法、想象类习作的评价等四个方面设置问题，题型包括单选、多选、问答等，共18个小题。学生卷从学生对想象类习作的认知、习作内容和习作评价三个方面展开，设置了单选、多选等题型，共14个小题。

一、教师调查问卷分析

《小学语文想象类习作教学现状调查问卷（教师卷）》围绕教师对想象类习作的认知、教学目标设置、教学内容与方法、评改方式等方面展开，旨在揭示想象类习作教学的实际情况，为改进教学提供数据支持和依据。调查情况具体如下：

（一）教师对想象类习作认知情况分析

该部分围绕教师对想象类习作认知情况设置了三个问题（1-3），其中第1题为单选，第2题为多选，第3题为问答。

调查显示，62.5%的教师认为想象类习作和记实作文在语文教学中同等重要，25%的教师认为记实作文更重要，12.5%的教师认为想象类习作更重要。

1. 您认为想象类习作与记实作文二者谁更重要？

选项	小计	比例
想象类习作更重要	5	12.5%
记实作文更重要	10	25%
二者同等重要	25	62.5%
本题有效填写人次	40	

对于想象类习作的价值，一线教师认为主要体现在培养学生的想象力（39人）、培养学生创造力（35人）、提升学生口语表达能力（32人）、提升学生书面表达能力（28人）等方面。

2. 您认为想象类习作的教学价值体现在哪些方面？（多选）

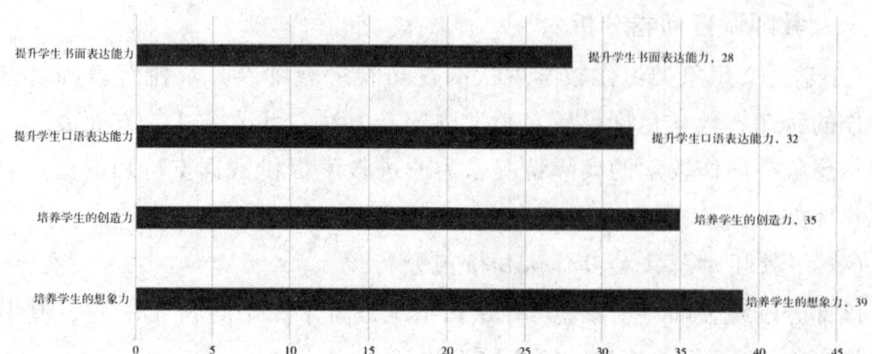

通过问卷调查、与小学教师的面对面访谈，我们清晰地感受到教师普遍认可想象类习作的教学价值。

首先，想象类习作能培养学生的想象力和创造力。小学阶段的学生没有受到外界太多的束缚，是想象力最丰富的时期。在小学阶段，通过想象类习作培养学生的想象力，帮助其构建五彩斑斓的独特世界，从而为其创造力的发展奠定良好的基础。

其次，想象类习作有助于提升学生的语言表达能力。在想象类习作的写作过程中，学生需要将自己的所思所想通过字、词、句表述出来，最终形成篇章，进而提升他们的语言表达能力。在这个过程中，还需合理地安排文章结构，使他们的书面表达更加流畅、合理、富有逻辑。

在调查中，教师们普遍认为合格的想象类习作离不开学生在日常生活中的认真观察和写作过程中情感的自然流露。通过想象类习作，能够引导学生细心观察、热爱生活，同时增强其情感表达能力。

3. 您认为合格的想象类习作最重要的要素有哪些？（文字云图）

然而，尽管教师们普遍认可想象类习作的重要价值，在实际的教学过程中，这些潜在价值并未得到充分的挖掘和利用。换言之，尽管认识到想象类习作在激发学生创造力、促进个性表达及增强语言组织能力等方面的积极作用，但在教学实践中，这些优势并未被全面且有效地展现出来。

（二）教师对想象类习作教学目标了解情况分析

该部分围绕教师对想象类习作教学目标的了解情况设置了五个问题（4–8）。

在熟悉课程标准中对想象类习作要求方面，其中“了解”相关要求的教师占比 75%；“比较熟悉”的教师占比 20%；“非常熟悉”的教师占比 5%。总体来看，教师对课标中想象类习作的要求多数停留在“了解”阶段。

4. 您熟悉课标对想象类习作的要求吗？

选项	小计	比例
了解	30	75%
比较熟悉	8	20%
非常熟悉	2	5%
本题有效填写人次	40	

调查显示，75%的教师了解某一次习作的编排特点，对于整个授课学期、授课学段、整个小学阶段的想象类习作编排特点了解则较少。这显示出，教

师对于统编教材中想象类习作的整体编排特点了解不足。在教学中，教师更多关注某一次习作的编排情况，普遍缺乏对教材编排的整体把握。

5. 您对统编教材想象类习作的编排特点了解吗？

选项	小计	比例
了解某一次的	30	75%
了解授课学期的	6	15%
了解授课学段的	3	7.5%
了解整个小学阶段的	1	2.5%
本题有效填写人次	40	

调查显示，对于想象类习作的教学目标63%的老师“较为了解”，25%的老师“了解”，12%的老师“不了解”。对于设置想象类习作教学目标的考虑维度，绝大部分老师能在想象类习作的教学过程中充分考虑学情、教材编写、课程标准等内容，较为准确地设置教学目标。

6. 您了解想象类习作的教学目标吗？

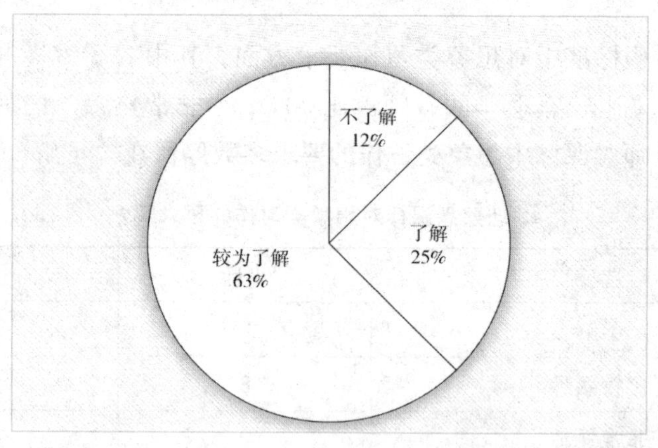

7. 您一般从哪些方面设置想象类习作教学的目标？（多选）

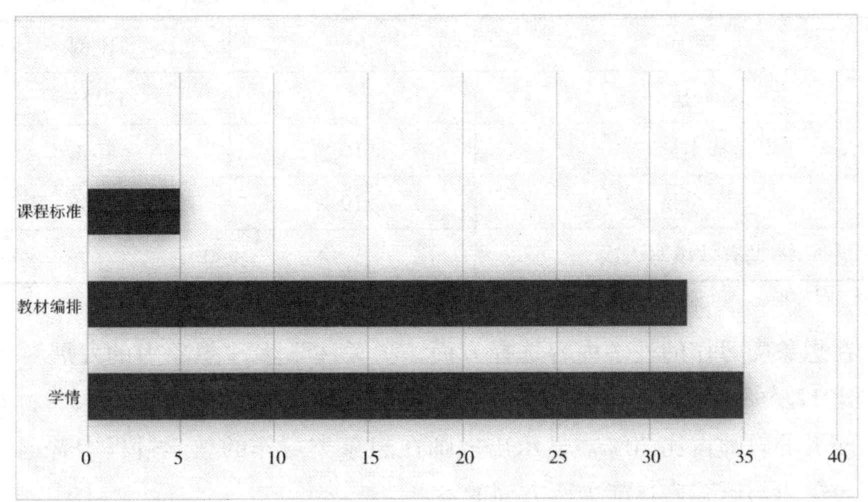

教学目标规定了教学活动的方向、进程和预期结果，在教学活动中具有多方面的作用，是开展教学活动的风向标。当前教师对于每次想象类习作课的教学目标设置大都比较清晰，会从学情、教材编排等方面多维度地考虑教学目标的设定，为课堂教学的有效展开奠定了良好的基础。

但是，超七成（75%）的教师对于小学整个阶段想象类习作之间的关联和序列不太理解，这容易造成教学内容的重复和繁琐。

8. 您了解小学整个阶段想象类习作之间的关联和序列吗？

选项	小计	比例
不太了解	30	75%
了解	7	17.5%
较为了解	3	7.5%
本题有效填写人次	40	

（三）教师想象类习作的教学内容、方法选择情况分析

该部分围绕想象类习作的教学内容、方法选择情况设置了五个问题（9-13）。

调查显示，87.5%的老师“基本是”“完全是”在教学过程中按照教材编排展开教学，只有12.5%的教师“不是”按照教材编排展开教学。

9. 您在教学时是按照教材编排展开教学吗？

选项	小计	比例
不是	5	12.5%
基本是	16	40%
完全是	19	47.5%
本题有效填写人次	40	

在想象类习作的教学内容选择方面，更关注学生“想象力的发展”的教师占比 12.5%；更关注“语言表述的规范与优化”的教师占比 17.5%；同时关注两者的教师占比 70%。显示出教师在想象类习作的教学过程中普遍重视学生想象力与语言表达能力两方面的发展。

10. 您在教学时会更关注学生________？

选项	小计	比例
想象力的发展	5	12.5%
语言表述的规范与优化	7	17.5%
想象力的发展与语言表述的规范与优化	28	70%
本题有效填写人次	40	

教师在想象类习作的教学过程中，通常综合运用讲授法（100%）、讨论法（77.5%）、范文示范法（70%）、情境法（37.5%）等教学方法。

11. 您在想象类习作教学时常采用的教学方法有________（多选）

选项	小计	比例
讲授法	40	100%
讨论法	31	77.5%
情境法	15	37.5
范文示范法	28	70%
本题有效填写人次	40	

在想象类习作的具体指导过程中，对“写作前”进行重点指导的教师占比37.5%；在“写作过程中”进行重点指导的教师占比20%；在“写作后”进行重点指导的教师占比42.5%。写作前和写作后的指导较为普遍，而对于过程性指导则相对缺乏。

12. 您常常会在学生________进行重点写作指导。

选项	小计	比例
写作前	15	37.5%
写作过程中	8	20%
写作后	17	42.5%
本题有效填写人次	40	

在想象方法的指导上，多数老师会有意识地针对拟人（95%）、夸张（85%）等想象方法展开指导，同时兼顾到变形、黏合、典型化等方法。

13. 您在教学时会进行哪些想象方法的指导？(多选)

选项	小计	比例
拟人	31	95%
变形	24	60%
黏合	18	45%
夸张	34	85%
典型化	15	37.5%
其他	20	50%
本题有效填写人次	40	

（四）想象类习作评改现状分析

该部分围绕想象类习作评改现状设置了五个问题（14-18）。

调查显示，在想象类习作评价主体上，以教师评价为主（87.5%），且在具体评价方式上多数以等级和评语（90%）相结合的形式进行。

14. 您常常采用哪些方式评价学生的习作？（多选）

选项	小计	比例
教师批改	35	87.5%
师生共同批改	15	37.5%
学生互批	18	45%
师、生、家长共同批改	2	5%
只打分数或等级	0	0%
打分数或等级并写评语	36	90%
面批	12	30%
本题有效填写人次	40	

在想象类习作的评价上，教师评价基本以鼓励性评价为主（52.5%），尤其注意呵护学生的想象力和写作兴趣。

15. 您对学生习作的评价一般侧重于________？

选项	小计	比例
鼓励性评价	21	52.5%
批评性评价	3	7.5%
两者兼有	16	40%
本题有效填写人次	40	

批改完作文后，多数教师会指导学生在评改的基础上进行1-2次修改（97.5%）。

16. 批改完作文后，您会指导学生在评改的基础上进行几次修改？

选项	小计	比例
1次	26	65%
2次	13	32.5%
3次及以上	1	2.5%

续表

选项	小计	比例
本题有效填写人次	40	

在每轮写作任务完成后，课堂反馈环节通常被安排于下一次写作课中（60%），利用大约 5 至 10 分钟（77%）的时间进行。

17. 您一般会将习作课堂反馈环节安排在何时？

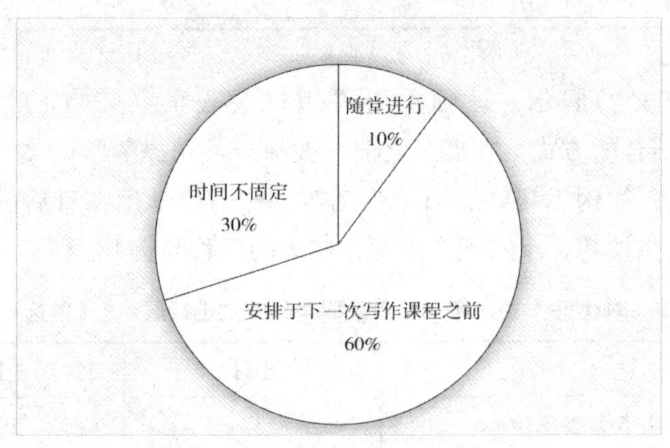

18. 您一般会在课堂上花多久时间反馈学生的想象类写作情况？

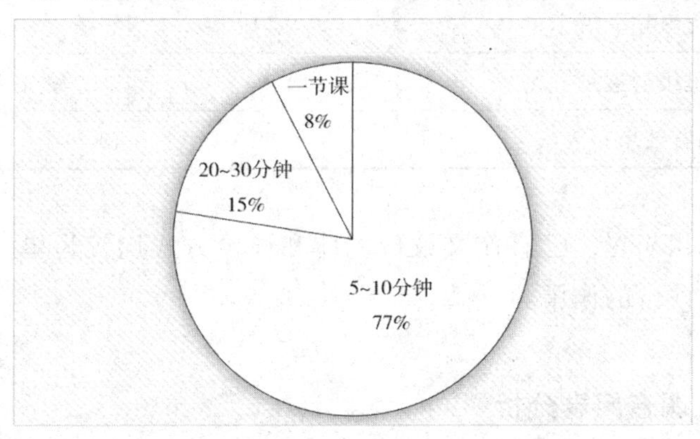

在想象类习作的反馈方式上，教师会着重表扬那些表现出色及有显著进步的学生作品（87.5%），鼓励学生们从这些佳作中汲取灵感，学习其中的精彩之处（80%）。同时，教师也会针对写作过程中普遍存在的问题进行分析，并提出具体的修改建议（75%），以帮助学生进一步提升写作水平。

19. 您对想象类习作的反馈方式有哪些？（多选）

选项	小计	比例
表扬优秀的、有进步的作文	35	87.5%
指导学生借鉴精彩部分	32	80%
着重指出共性问题，并提出修改建议	30	75%
逐一进行简单讲评	4	10%
本题有效填写人次	40	

对优秀作文的展示，教师主要采用口头表扬（92.5%）与课堂朗读（77.5%）相结合的方式。在展示之前，教师会预先提醒学生关注这些优秀作文的独到之处，如构思巧妙、语言生动等，并引导学生在日后的写作中尝试借鉴与运用这些技巧，以实现个人写作能力的迁移与提升。

20. 对优秀作文，您一般会采取哪种方式进行展示？（多选）

选项	小计	比例
口头点名表扬	37	92.5%
课堂朗读展示	31	77.5%
壁报区粘贴展示	14	35%
班级群展示	8	20%
本题有效填写人次	40	

就调查现状来看，已有作文评价主体和评价方式均较为单一，无法最大限度发挥作文评价的作用。

二、学生调查问卷分析

《小学语文想象类习作教学现状调查问卷（学生卷）》围绕学生想象类习作认知、习作内容、习作评改以及其他相关方面的现状，旨在为小学语文教师提供改进想象类作文教学的参考依据，以促进学生创新思维和写作能力的全面提升。调查情况具体分析如下：

（一）习作认知情况分析

该部分围绕学生对想象类习作认知情况共设置了四个问题（1-4）。

调查显示，在习作认知层面，相较于想象类习作，多数学生（70.7%）更喜欢记实作文。

1. 你更喜欢哪一类习作？

选项	小计	比例
喜欢写想象类习作	265	70.7%
喜欢写记实作文	110	29.3%
本题有效填写人次	375	

同时，在习作中，学生普遍表现出写作动机不足和兴趣缺乏的问题。在问到学生是否喜欢上想象类习作课时，持“一般”态度的学生占比高达62.7%，“不喜欢”的学生占20%，而“喜欢”的学生仅占17.3%。

2. 你喜欢上想象类习作课吗？

选项	小计	比例
不喜欢	75	20%
一般	235	62.7%
喜欢	65	17.3%
本题有效填写人次	375	

在想象类习作与个人成长关系方面，超过八成（84%）学生认为想象类习作对其个人成长有帮助，其中认为“帮助很大”的学生占22.1%。这表明学生普遍认识到想象类习作在培养创新思维、提高写作能力等方面的积极作用。

3. 你认为想象类习作对你的个人成长有帮助吗？

选项	小计	比例
没有帮助	60	16%
有帮助	232	61.9%

续表

选项	小计	比例
帮助很大	83	22.1%
本题有效填写人次	375	

在课堂参与状态方面，73.3%的学生表示会“紧跟教师的教学步骤，积极参与写作练习”，而12%的学生则更倾向于“排斥教师组织的写作课，更愿意写自己想写的”，还有14.7%的学生对写作课提不起兴趣，希望快点下课。这一结果提示教师在组织想象类习作教学时需关注学生的个体差异，采取更加灵活多样的教学方法。

4. 在作文课上，你认为自己属于下列哪一种状态？

选项	小计	比例
紧跟教师的教学步骤，积极参与写作练习	275	73.3%
排斥教师组织的写作课，更愿意写自己想写的	45	12%
对写作课提不起兴趣，做其他的或希望快点下课	55	14.7%
本题有效填写人次	375	

在实际调查过程中，部分学生对想象类习作甚至持畏惧态度。在学生群体中流传着一句顺口溜：“一怕写作文，二怕文言文，三怕周树人”，其中对“写作文”的恐惧位居首位。长期以来，这种“写作畏惧症”在小学阶段尤为显著，且未得到有效缓解。尽管在交流互动中，部分学生表达了对想象类习作课程及想象内容的浓厚兴趣，但一旦需要将这些想法转化为文字，变成具体的作文时，他们便容易滋生退缩心理。“在具体教学过程中，常常发现学生的想象存在‘无从想起’‘导向错误’‘想象不足’‘缺乏创新’等问题。①

（二）习作内容情况分析

该部分围绕学生习作内容情况共设置了六个问题（5-10）。

调查显示，在习作内容偏好方面，男生与女生对于想象类作文的兴趣点

① 游霜凌．立足文本，放飞想象——初中语文教学中学生想象力培养之我见［J］．中学课程资源，2013（12）：16-17.

呈现出明显的性别差异。在当前小学语文统编教材中的想象类习作中，女生更喜欢童话类和情境类题材，而男生则对情景类和科学幻想类题材展现出更高的兴趣。

5. 你最喜欢写的是哪一类型的想象类习作？（男生）

选项	小计	比例
童话类	15	7.8%
假设类	6	3.1%
情境类	68	35.5%
科学幻想类	103	53.6%
本题有效填写人次	192	

你最喜欢写的是哪一类型的想象类习作？（女生）

选项	小计	比例
童话类	98	53.6%
假设类	12	6.6%
情境类	60	32.8%
科学幻想类	13	7.1%
本题有效填写人次	183	

在想象方法的认知方面，学生对拟人（76%）、夸张（74.7%）、变形（72.8%）等方法的了解程度较高，而对黏合（34.7%）和典型化（38.7%）等方法的了解相对较少。

6. 你知道哪些想象的方法？（多选）

选项	小计	比例
拟人	285	76%
变形	273	72.8%
黏合	130	34.7%

续表

选项	小计	比例
夸张	280	74.7%
典型化	145	38.7%
本题有效填写人次	375	

学生在写想象类习作时面临的主要困难包括想象内容的出彩（78.7%）、语言表达的精彩（68.3%）和结构安排的合理（45.9%）。这些困难提示教师在指导想象类习作时需注重培养学生的创新思维、语言表达能力和逻辑思维能力。

7. 你在写想象类习作时面临的主要困难有哪些？（多选）

选项	小计	比例
想象内容的出彩	295	78.7%
结构安排的合理	172	45.9%
语言表达的精彩	256	68.3%
本题有效填写人次	375	

学生在习作时，会想着把写好的作文给同学（65.3%）、老师（40.8%）和家长（35.2%）看。这表明学生在习作过程中有较强的分享和交流意愿，教师应充分利用这一特点，组织学生进行作文互评、互改等活动。

8. 完成习作后，你会第一时间将写好的习作与谁分享？（多选）

选项	小计	比例
同学	245	65.3%
老师	153	40.8%
家长	132	35.2%
本题有效填写人次	375	

在教师指导效果方面，超过六成（62.7%）的学生认为教师对自己的写作指导“很有用”，认为“有一点用”的学生占33.9%，而认为“几乎没用”

的学生仅占 3.5%。这一结果表明教师在想象类习作教学中的指导作用得到了学生的广泛认可。

9. 你认为老师对习作的指导是否有效？（多选）

选项	小计	比例
几乎没用	13	3.5%
有一点用	127	33.9%
很有用	235	62.7%
本题有效填写人次	375	

在喜欢的指导方式方面，学生更倾向于“先讨论交流清楚想象内容再写”（46.7%）和“出示图片、视频等帮助进入想象的情境”（41.3%），而“先出示范文再直接模仿范文写”的方式则不太受学生欢迎（10.7%）。这表明学生在写作过程中更倾向于通过自主思考和互动交流来激发想象力。

10. 你喜欢老师用什么方式指导你的写作？

选项	小计	比例
先出示范文再直接模仿范文写	40	10.7%
先讨论交流清楚想象内容再写	175	46.7%
出示图片、视频等帮助进入想象的情境	155	41.3%
其他	5	1.3%
本题有效填写人次	375	

值得注意的是，学生在进行想象类习作时，多数情况下仅围绕教师在课堂上所举示例进行拓展，其想象力往往趋于同质化、随意且单一，主动性不足，缺乏创新。此外，在语言运用上，学生的表述较为空洞，口语化倾向显著，未能充分融入个人的真情实感。这一现象表明，学生在将想象转化为文字的过程中，语言的丰富性和情感的真挚性有待加强。

（三）习作评改情况分析

该部分围绕习作评改情况共设置了四个问题（11–14）。

在习作修改习惯方面，30.1%的学生表示“每次都会”主动修改作文，

57.4%的学生表示“偶尔会”修改作文，而“不会”修改作文的学生仅占12.5%。这表明大部分学生在写作过程中具备一定的自我反思和修改能力。

11. 你写完作文之后会自己主动进行修改吗？

选项	小计	比例
不会	47	12.5%
偶尔会	215	57.4%
每次都会	113	30.1%
本题有效填写人次	375	

在习作修改建议来源方面，学生会请老师（59.5%）、同学（29.6%）和家长（10.9%）帮忙看看并提出建议。这表明学生在习作过程中能够积极寻求外部反馈以改进自己的作品。

12. 写完作文后，你会请谁帮你看看，提出建议呢？

选项	小计	比例
同学	111	29.6%
老师	223	59.5%
家长	41	10.9%
本题有效填写人次	375	

在对合格作文的认知标准方面，学生普遍认为想象大胆而合理（79.7.5%）、语言规范（73.3%）和结构合理（65.3%）是想象类习作的重要评价标准。这些标准与《义务教育语文课程标准》对小学生写作的要求相吻合。

13. 你觉得什么样的作文才是一篇合格的想象类习作？（多选）

选项	小计	比例
语言规范	275	73.3%
想象大胆而合理	299	79.7%
结构合理	245	65.3%

续表

选项	小计	比例
本题有效填写人次	375	

在分享习作的形式方面，学生更倾向于在课堂上口头朗读（60.3%）和班级壁报区粘贴（50.9%）两种方式，而喜欢用网络分享（34.7%）和把作文本拿给家长看（48.3%）这两种方式的则相对较少。这表明学生在分享写作成果时更倾向于面对面的交流和展示。

14. 你喜欢以什么形式分享写作呢？（多选）

选项	小计	比例
课堂上口头朗读	226	60.3%
班级壁报区粘贴	193	50.9%
把作文本拿给家长看	181	48.3%
网络分享	130	34.7%
本题有效填写人次	375	

在习作评价方面，学生普遍缺乏主动修改的意识，往往潜意识里将老师默认为习作的唯一阅读者与评价者，因此，多数学生在完成习作后，仅限于检查错别字，鲜少进行更为深入的修改。他们更倾向于等待老师的评价。

然而，在实际的作文教学过程中，部分教师的评价语言较为笼统，未能精确指出作文中存在的具体问题并提供具有针对性的反馈，这导致学生更多地聚焦于评价的结果——即分数或等级，而忽视了过程性评价、评价依据等。

第二节　小学语文想象类习作教学存在的问题及归因

随着统编教材的全面使用，想象类习作的教学与研究也逐渐深入。通过上文对想象类习作教学现状的分析，可以看出目前想象类习作的教学还存在以下问题：

一、对写作心理认知不足

“写作是以书面语言表达观念的过程，是一种复杂的智慧技能。”① 在调研过程中，部分教师忽略了学生认知发展的特点和写作心理，随意地设计教学目标、教学活动，导致了想象类习作课堂教学效率相对较低，学生写作成品质量参差不齐。从心理学的角度来看，写作活动也可以看成是问题解决的信息加工过程。弗劳尔-海斯提出的写作认知模型、伯瑞特-斯卡达玛利亚的知识表述模型、A. P. 鲁利亚提出的写作心理转换理论等都是从信息加工的角度来看待写作。任何一个信息加工环节出了问题，必定会波及这次信息加工的过程和结果。如弗劳尔-海斯写作模型中将写作过程分为任务环境、作者的长时记忆和学生的工作记忆三个主要部分，如果任务环境这一部分出现问题，那么后面的长时记忆、工作记忆也相应会受影响。

心理学认为写作与思维的关系是密不可分的，二者相互影响、共同进步。语言是思维的载体和工具，写作是一种表达思维的方式，是通过文字将思维转化为可视化的形式。想象类习作更是体现学生思维的一种重要方式。何克抗教授认为“思维能力至少考虑两方面的因素：一是思维加工能力，二是思维加工材料。思维加工能力实际上是思维加工方式、思维加工策略运用、思维加工存储（记忆力）等综合能力的体现，也就是上面所说的内化心理操作能力；思维加工材料则是指表象、概念等不同形式的符号表征系统。”② 这两方面的因素缺少任意一个，都会影响学生想象类习作的品质。就思维加工材料而言，如果学生自身所具备的生活及知识经验的数量、质量不足，平时不注意观察和体验，必然会缺乏想象基础，写出来的想象类习作也就很容易缺乏创新、千篇一律。而在想象的品质上，如果教师没有充分考虑学生的思维加工能力，及时设置恰当的教学活动，打破学生的思维定式，那么最终学生想象的丰富性就会大打折扣。

在习作中，学生对教师的敬畏心理也会影响想象类习作的质量。教师在指导想象类习作时，往往被默认为唯一的读者。在具体教学中，尽管教师的

---

① 董蓓菲编．语文教育心理学［M］．北京：北京大学出版社，2017：164.

② 何克抗．儿童思维发展新论及其在语文教学中的应用［M］．北京：北京师范大学出版社，2007：30.

传统权威角色已经逐渐淡化，但是学生在进行创作时，内心深处依然难以将教师真正视为平等的合作者和积极参与者。学生与教师之间的交流无法像在朋友间分享奇思妙想那样，毫无拘束地倾诉心声、描绘梦境，更多地是聚焦于迎合教师预期的框架与标准，而非源自内心深处的真实情感和丰富想象。这种心理状态，在无形中构建了一道屏障，抑制了学生的表达欲望，阻碍了学生在写作过程中自由地展现自我和发挥想象力。

二、课程意识薄弱

课程与教学之间的关系错综复杂，历来学者对此众说纷纭。新中国成立以来，学界在不同时期对于课程与教学关系的认识也不尽相同，受各种因素的影响，“它们的关系大致经历了‘大教学观’时期（17 年）、分离期、整合期、‘大课程观’时期”①。而在历时 17 年的“大教学观”时期，学界普遍认为课程是教学的一个组成部分。这一观点对我国教育界影响深远。“大课程观”时期以 2001 年《基础教育课程改革纲要（试行）》的颁布和第八轮课程改革为标志，这一时期学界普遍认为教学只是课程的实施，是课程的一部分。由于我国的课程改革是自上而下的，从“大教学观”到“大课程观”的转变，需要经历一个从“理念”到“实践”的过程。而数量庞大的一线教师，却更多受“大教学观”的影响，他们对课程与教学观念的更新并未及时跟上国家层面课程改革的步伐。部分教师缺乏课程观，将更多的精力放在教学上，甚至默认课程是教学的组成部分，是教学的内容。

“大课程观”的理念随着新课改逐渐落实到国家颁布的相关文件、课程方案、课程标准、教材中。新课改实施已有二十余年，新课改的理念也在逐渐深入人心，但理论与实践“两张皮”的现象仍然存在。曾有人笑言“课程改革搞得轰轰烈烈，应试教育搞得扎扎实实”，从这句话中可以看到，在推动课程改革的过程中，国家和很多的专家、优秀教师在积极推动、响应、落实新课改，但人口数量众多，各地区教育发展不均衡的现实确实制约着课程改革的进程。这种不均衡现象让很多地区，尤其是偏远山区的教育改革远远滞后于一线城市。这些地区的部分教师，缺乏课程意识，重教学轻课程，往往基

① 熊和平．课程与教学的关系：七十年的回顾与展望［J］．高等教育研究，2019（06）：40-51.

于自身教学经验产生的教学惯性来开展教学。甚至部分教师想怎么教就怎么教，从不考虑课程标准的规定、教材编者的意图等课程层面的问题。

古德莱德把课程分为“理想的课程”“正式的课程”“领悟或理解的课程”“运作的课程”“经验的课程”五个层面。其中“理想的课程”是由一些教育研究机构、学术团体和课程专家提出的应该开设的课程；“正式的课程”是由教育行政部门规定的课程计划、课程标准和教材；“领悟或理解的课程”是任课教师所领悟的课程；“运作的课程”是在课堂上实际实施的课程，在实施中，教师常常会根据学生的反应随时进行调整；“经验的课程”是学生在课堂学习中实实在在体验到的东西。①

但这五个层面之间往往会产生一定的距离，“理想的课程”“正式的课程”是课程决策机构、课程决策者、课程研究者课程观的体现，而“领悟或理解的课程”“运作的课程”是课程实施者对“正式的课程”的领悟、理解，并在此基础上进行运作，“一千个读者就有一千个哈姆雷特”，不同的教师对于课程的领悟、理解不同，在运作中又因为教学环境、学情等影响，会对课程进行调整。所以，学生最终体验到的课程，即“经验的课程”往往会出现课程传递上的偏差。

古德莱德的这五个课程层面紧密联系在一起，并共同构成了课程从理论到实践的完整过程。任何一个层面或相邻的两个层面出现问题，都会对课程的实施和成效产生巨大的影响。在“领悟或理解的课程”“运作的课程”两个层面中，教师作为课程的实施者起着至关重要的作用，狭义上来看，这里特指想象类习作教学的教师，如果不对“正式的课程”，也就是上文提到的课程标准、教材做全面的了解、熟悉，那么在“运作的课程”中，也就是教师在教学想象类习作时，长期处于被动接受和适应教材中某一次想象类习作教学的状态，有时甚至随性而教，想什么时候教某一次想象类习作就什么时候教，这种顾此失彼、“只见树木，不见森林”的做法，必然会导致想象类习作教学的有效性大打折扣。“不少教师自身缺少基本的写作教学素养，却盲目自由地进行‘溜冰式’教学，想到哪儿就教到哪儿，想教什么就教什么，完全置课程标准于不顾，导致写作教学中的‘主张’不断，课堂上却一片荒芜，

① 施良方．课程理论：课程的基础、原理与问题［M］．北京：教育科学出版社，2008.

让人们不禁叹息基础教育写作教学‘一年不如一年’。”①

基于以上背景，在调研想象类习作教学现状的过程中，不少教师更多是基于教材中某一次想象类习作教学的要求和内容进行教学，少部分老师会关注整册教材中想象类习作的编排情况，极少老师会关注整个学段、整个小学阶段的想象类习作的编排特点和教学要求。这与上文提到的课程意识薄弱不无关联。一般来说，经验丰富的教师，即使课程意识薄弱，在进行了 2 轮左右小学整个学段的语文教学之后，基本都会关注想象类习作在教学目标、教学内容等方面的阶段性要求。但同时也有一些客观因素，比如有些学校会连续安排经验丰富的教师带教毕业班，而不是安排教师从一年级到六年级间循环进行教学。这种安排人为割裂了教师授课学段的连续性，容易导致部分教师对各学段中想象类习作之间的关联缺乏了解。这种学校管理上的原因，不是此处讨论的重点，但还是希望部分学校能走出学段藩篱，放眼学生的成长过程，尊重教学规律，合理安排教学。

此外，新手教师也存在课程意识薄弱的现象。叶澜等学者将教师专业发展分为“非关注”阶段、“虚拟关注”阶段、“生存关注”阶段、“任务关注”阶段和“自我更新关注”阶段五个阶段。②“虚拟关注”阶段一般是职前接受教师教育阶段（包括实习期），在这一阶段中，“教师”会在虚拟的教学环境中获得某些经验，对教育理论及教师技能进行学习和训练。在教育部 2012 年颁布的《教师教育课程标准（试行）》中，“了解小学教育的培养目标，熟悉至少两门学科的课程标准，学会依据课程标准制定教学目标或活动目标”，“熟悉至少两门学科的教学内容与方法，学会联系小学生的生活经验组织教学活动，将教学内容转化为对小学生有意义的学习活动”，是小学职前教师教育课程的两个重要目标。在这一阶段，学校开设了包括语文课程标准、语文教材等语文课程与教学论方面的课程。在校学习期间，师范生理论知识的学习应该是系统的，对于课程意识的强调也是足够的。但处在“生存关注”阶段的新手教师，更加关注自己的生存适应性和自己的受欢迎程度。在真实的教学环境中经常会力不从心，难免出现所学理论知识和具体教学实践的“拉锯

① 郭家海 . 美国写作表现标准指向与启示［J］. 教育测量与评价（理论版），2014（06）：36-40+51.

② 叶澜，白益民，王丹，陶志琼 . 教师角色与教师发展新探［M］. 北京：教育科学出版社，2001.

战”，甚至理论知识中的课程意识，受手忙脚乱的真实教学实践影响，而被抛之脑后。

三、过程性指导缺乏

在想象类习作教学中，多数教师更加关注学生习作前的指导和习作后的评改，而对习作过程却放任学生自行发挥，指导甚少。正如郑桂华教授所言，“我国的中学写作教学有两种基本流程：一是四阶段指导模式，即‘教师写前指导——学生写作——教师批改、评讲——交流展示’；另一种是两阶段指导模式，即‘学生写作——教师批改’。后者可以看成是前者的简化版。”① 王荣生教授也指出现在的写作教学基本有三种套路：题目加范文，创设情境加活动，教写作技法，这三种情况都是写作前的活动，对于学生正式开始写作的过程及写作过程中碰到的问题和困难，老师几乎没有提供帮助。他直言“中小学语文课几乎没有写作教学”，也正因为“在学生开始着手思考，到他的作文最终完成，写作中间的这一大块，教师其实并没有指导。”② 在笔者调研过程中，小学想象类习作教学的指导也并未突破上述藩篱，甚至很多教师在调查中直言“我不是在写作前就告诉他们怎么写了吗”“写作过程有什么好指导的，自己写就是了”，部分教师依然存在写作过程不可教的理念。

在写前指导中，多数教师给学生提供的指导以陈述性知识为主。如在三年级下册第五单元《奇妙的想象》习作教学中，教师一直给学生强调要“大胆想象”“想象要奇妙”，而对于如何大胆想象，如何使自己的想象变得奇妙，教师并未提供具体的方法指导。这毫无疑问会导致学生只知道想象的要求，而不知道“怎么想”“如何想”。正如董蓓菲教授所言：“作文指导课上教师传递的主要是写作的陈述性知识。因此，中小学生虽然明了选材、布局、中心主题、表达手法的知识及其重要性，却难以用于写作行为。教师也因无法掌握学生的思维活动，只能纠结于学生写出的作文，穷途末路地要求反复修改，让原本对写作兴趣不大、耗时不少的学生更对写作耿耿于怀。”③ 所以，在具体教学中，许多教师虽然提供了写作前的指导，但这些指导更多地停留

① 郑桂华．写作教学研究［M］．南宁：广西教育出版社，2018：277.

② 王荣生主编，邓彤执行主编．写作教学教什么［M］．上海：华东师范大学出版社，2014：4-5.

③ 董蓓菲．作文教学的症结何在［J］．语文学习，2011（02）：11-13+3.

在“是什么”的“陈述性知识”层面，而对于“怎么做”的“程序性知识”的指导却少之又少。所以学生对这些指导只停留在“知道”“理解”等低阶思维的认知层面上，难以达到运用、分析等更高要求的认知层面。这也是教师指导费时费力、学生写作质量不高的主要原因之一。

四、写后评改低效

想象类习作评改的效率不高，具体来看，体现在以下几个方面：

单一的习作评价方式和评价主体，并未对学生想象类习作的提高起到促进和提高作用。在评价方式上，教师大多只打分数或等级，再加上少量评语，很少进行面批。在评价主体上，基本以教师评价为主，偶尔会让学生进行互批，但并未充分发挥同学之间互相批改作文的最大价值。早在 1952 年，就有人指出作文批改的存在问题是“学生们希望教师批改作文能解决他们在作业上已经遇到而他们自己却无力解决的问题，并希望能通过作文的批改提高他们的写作能力。然而他们得到的往往是一些笼统的指示、一些抽象的观念和一些不着边际的批评。”① 七十年之后，想象类习作的批改并未得到根本性的改善，比如“想象不够合理”“想象不够奇妙”“想象缺乏条理性”等笼统的评语依然随处可见。

教师对习作的修改要求普遍偏低。在批改学生的作文之后，多数教师倾向于要求学生将文中的错别字直接更正在旁边，并未要求学生针对句子结构或段落组织进行更为深入的“大修大改”。这种做法虽然简便易行，却妨碍了学生写作能力的提升。修改是提高写作能力的有效途径。曹雪芹披阅十载，增删五次，才会在写完《红楼梦》时发出“字字看来都是血，十年辛苦不寻常”的感叹；鲁迅提倡写文章“写完后至少看两遍”，即使在他生命最后两天中所写的《因太炎先生而想起的二三事》一文，短短 2600 多字的文稿中，就有 53 处之多的修改痕迹；列夫·托尔斯泰说“不要讨厌修改，而要把同一篇东西改写十遍，甚至二十遍”。当然作家对作品的修改与小学生对习作的修改有很多不同，但毫无疑问，修改在写作中是必要且重要的。在调查中，教师对学生修改习作的要求普遍偏低，不仅要求修改的内容有限，而且修改的次数也不多，大多只要求学生进行一次修改即可。老师对学生修改习作后的反

① 语文教学社辑．谈批改作文［M］．天津：大众书店，1952：1.

馈也基本限于核对错别字。

教师对学生想象类习作的反馈形式单一。具体来看，在反馈时间上，基本安排在下一次写作课上，用时基本在5–10分钟之间。在反馈内容上，聚焦于本次想象类习作的整体批改情况：一方面，表扬优秀的、有进步的作文，并提醒其他同学进行借鉴；另一方面，指出此次作文的共性问题，并提醒大家下次注意。在反馈形式上，以教师口头讲述为主，并未对学生有更具体而细致的要求。

一方面，课堂时间有限。在作文教学过程中，从构思、起草到修改、讲评，每一个环节都需要时间投入。然而，在有限的课堂时间内，教师往往难以对每位学生的作文进行详尽的批改和深入的指导。尤其是在评改环节，由于作文数量多、篇幅长，教师往往只能进行点到为止的评点，难以针对每个学生的具体问题提供个性化的反馈。

另一方面，课堂容量也是制约作文教学的重要因素。在同一个班级中，学生的写作水平参差不齐，对作文的理解和需求也各不相同。在有限的教学空间内，教师很难同时满足所有学生的需求，更难以为每个学生提供足够的练习和反馈机会。这导致了一些学生在作文学习中感到困惑和挫败，进而影响了他们的学习积极性和作文水平的提高。

更为关键的是，由于缺乏有效的习作反馈策略和习作评改指导方法，许多学生在作文修改过程中往往无从下手。他们不知道自己的作文存在哪些问题，更无从知道如何针对这些问题进行修改和提升。这种缺乏针对性的反馈和指导，使得学生的作文修改往往停留在表面，难以触及问题的本质。

因此，如何在有限的课堂时间和容量中，提高习作教学的效率和质量，成了当前习作教学亟待解决的问题。一方面，教师需要探索更为高效、个性化的作文批改和反馈方式，如利用现代信息技术手段进行在线批改、同伴互评等；另一方面，教师还需要加强对学生习作反馈策略和习作评改指导方法的研究和实践，帮助学生建立正确的习作修改观念和方法，提高他们的自我修正能力和写作水平。

第二章

小学语文想象类习作教学策略

本章针对小学想象类习作教学过程中存在的问题，提出了四个相应的教学策略：第一，教师应当了解学生的阶段性心理特征，熟悉学生写作心理的变化，本节介绍了皮亚杰“儿童认知发展阶段论”、弗劳尔-海斯认知写作模型、刘淼“三级转换理论”、吴立岗“思维发展程序与作文训练形式”等与儿童心理发展相关的理论。第二，要用好教材，研读课程标准，增强课程意识，熟悉教材编写体例，深入挖掘教材的内涵与价值，结合学生实际，有效组织想象类习作教学活动。第三，教师在想象类习作教学过程中，对习作的指导应从想象力的培养和表达能力的培养两方面着手，提高习作指导效率。第四，完善习作评价体系。系统、合理的习作评价体系能有效地促进学生习作能力的提高。完善习作评价需要了解学生写作能力的阶段性特征，要注重评价方式多样化、评价主体多元化的同时，还要适当拓展习作的展示途径。

第一节　充分了解学生写作心理

王荣生教授指出：“备课备两头，一头备教材，一头备学生”。备课是教学过程中至关重要的环节。有些教师在备课时，过于依赖教材，对学生的关注大多只停留在学生的基本语文学习情况上，而对于学生内心的真实想法，特别是他们在写作时的心理状态，缺乏深入的了解。

了解学生的阶段性心理特征，熟悉学生写作心理的变化，是提高学生想象类习作质量的重要保证。皮亚杰“儿童认知发展阶段论”中的“具体运演”阶段和“形式运演”阶段的心理特征为教师设计想象类习作教学活动提供了共性的心理依据；弗劳尔-海斯的认知写作模型和刘淼的三级转换理论则将写作过程显性化，帮助教师更加清晰地了解写作的心理过程；吴立岗的思维发展程序与作文训练形式则清晰地描述了小学中、高学段儿童想象的特征。这些心理学理论为一线教师探索想象类习作教学提供了充分的理论支撑。

一、皮亚杰：儿童认知发展阶段论

皮亚杰的“儿童认知发展阶段论”以运演为标志，将儿童从婴儿到青春期的认知发展划分为“感知运动”“前运演”“具体运演”和“形式运演”四个阶段。这里提到的“运演”，指心理预演，即通过形象、表象或象征符号在心理上进行的、内化了的操作，具有可逆性和守恒性。

本书关注三年级至六年级的学生群体，他们的年龄在9至12岁之间，正处于“具体运演”阶段和开始进入“形式运演”阶段。9-10岁的孩子处于具体运演第二子阶段——“因果关系探索期”，这一子阶段的“主要标志是儿童在探索事物运动变化的原因即寻求因果解释方面的发展”。① 促使儿童积极探寻事物因果关系的主要因素是逻辑数学运演能力的发展。逻辑数学运演能力是指通过“反身抽象”（即通过主体直接对客体施加作用及影响）而获得的运演的能力，是一种基于主体的实践活动而形成的能力。② 以统编小学语文教材三年级上册第八单元的习作——《这样想象真有趣》为例，此阶段的学生心理发展正处于“因果关系探索期”，在本次习作教学过程中，应充分考虑学生积极探寻事物因果关系的心理特点。因此，在具体教学过程中，可以尝试设计以下活动：

为什么母鸡能在天空飞翔？
为什么蚂蚁的个头比树还大？
为什么老鹰会胆小如鼠？
为什么蜗牛能健步如飞？

这些旨在探究因果关系的教学活动，能够激发学生的想象力，打开学生

① 何克抗．儿童思维发展新论及其在语文教学中的应用［M］．北京：北京师范大学出版社，2007：22.

② 何克抗．儿童思维发展新论及其在语文教学中的应用［M］．北京：北京师范大学出版社，2007：23.

的想象之门，为后续展开一系列想象活动奠定坚实的基础。

具体运演阶段的主要特征有具体性、思维的守恒性、思维的可逆性、思维的传递性、经常出现认知不平衡状态等。“具体性”启发我们在引导学生展开想象时，一定要从他们熟悉的事物开始，引导学生在日常生活中注意观察，积累表象，只有这样，想象才能有坚实的物质基础。三年级安排的三次想象类习作：《我来编童话》《续写故事》《这样想象真有趣》，都是立足日常生活，从学生熟悉的内容出发。《我来编童话》中童话和故事是学生从小听过或从课外书籍当中了解过的。《续写故事》中有关过生日的内容，《这样想象真有趣》中的母鸡、蚂蚁、老鹰、蜗牛都是学生经历过的事情或熟悉的对象。此外，在《这样想象真有趣》的教学中，可以利用思维的守恒性启发学生：

> 母鸡还是母鸡，如果它在天上飞，下蛋怎么办？
>
> 蚂蚁个头这么大了，下雨天，搬家会发生什么？

母鸡和蚂蚁的本质没有改变，所以他们平时的生活习性也没有本质变化，只是当它们的某一外观或特性发生变化时，会有怎么样的结果？通过一系列的活动设计，引导学生逐步打开思路，拓展思维，让学生的想象有迹可循。

皮亚杰认为 11-12 岁的孩子开始进入形式运演阶段，这一阶段的主要特征：一是思维形式和思维内容开始区分，他们的心理加工对象不再局限于具体事物，开始向抽象概念过渡；二是能运用命题假设进行各种逻辑推理。皮亚杰认为“正是这种对运演进行运演的能力，使人们的认识得以超出客观现实的限制，并借助于一种组合系统而使认识可以达到无限范围的可能性。”① 到了小学高年级，统编教材开始安排假设类想象习作和科幻类想象习作。这两类习作，既基于学生所熟悉的事物，同时又超出了客观现实的限制，便于学生拓宽想象的空间，发展他们的思维。五年级安排的《二十年后的家乡》和《神奇的探险之旅》两次想象类习作，都是引导学生通过假设进行推理、展开想象。在教学《二十年后的家乡》时，可以通过创设拟真情境，让学生仿佛置身于二十年后的家乡，也可以提供二十年前、当下、二十年后的情境，

---

① 何克抗．儿童思维发展新论及其在语文教学中的应用［M］．北京：北京师范大学出版社，2007：24-25.

对三者进行对比，让学生的推理、想象有理有据。六年级上册第一单元的习作《变形记》提到“把自己变成另一种事物，会发生什么呢”，开始与科幻类想象衔接，引导学生转换视角看世界。同时，科幻类想象也需要结合学生的生活实际展开，比如本次习作中教材提供的题目：《飘在天上的日子》，在指导学生围绕这一题目展开想象时，应引导学生思考飘在天上与平时日常生活中的所见所闻的差异性，这些不同的见闻又会引发学生哪些特别的所思所想。通过这些想象指导，拓展学生想象的范围。

二、弗劳尔-海斯：认知写作模型

很多心理学家将写作活动看成是问题解决的信息加工过程，如弗劳尔-海斯提出的写作认知模型、伯瑞特-斯卡达玛利亚的知识表述模型、A.P. 鲁利亚提出的写作心理转换理论等。从心理学的视角深入剖析写作过程，能够为想象类习作的教学实践提供理论支撑，帮助教师在这一领域有效地识别问题、制定解决方案，并最终促进想象类习作教学效率的提升。

弗劳尔和海斯的写作过程认知模型认为作者是在写作这一组思维过程中组织思想并构成篇章的，并将这一写作过程分为任务环境、作者的长时记忆和学生的工作记忆三个部分。

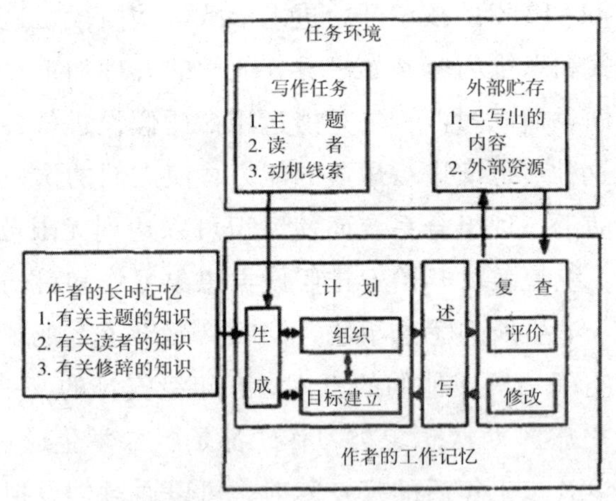

弗劳尔和海斯写作过程认知模型①

① 吴庆麟等编．认知教学心理学［M］．上海：上海科学技术出版社，2000：270-274.

任务环境由写作任务和外部存储组成。写作任务包括主题、读者、动机线索三个部分。比如五年级下册第六单元的习作《神奇的探险之旅》，这次习作的主题是写一个探险故事。教材中并没有明确本次习作的读者，但是教师可以根据五年级学生对探险这一主题的好奇心和探索欲，帮助学生明确读者可以是自己的好朋友，或者共同参与探险的伙伴，这样学生的写作动机会更加明确，写作兴趣也会随之提升。外部存储由已写出的内容和外部资源构成。在《神奇的探险之旅》中，教材提供了两组人物供学生选择来组成探险小队，还提供了探险的场景、打算带上的装备、可能会遇到的险情等支架，帮助学生丰富想象的角度和内容，这些都可以看作是外部资源。当然，在教学过程中，老师还可以在此基础上提供更多的外部资源，比如关于探险的书籍、电影片段等。另外，教材还要求“写的时候要展开丰富合理的想象，把遇到的困境、求生的方法写具体，如果能把心情的变化写出来就更好了。”教师也可以结合教材的要求，进一步提供关于困境、具体描写求生方法和心情变化的片段示例。

作者的长时记忆包括有关主题的知识、有关读者的知识、有关修辞的知识三个部分。对于小学生而言，主题基本是明确的。但是在学生的习作中，将读者默认为教师是习作中的普遍现象。如果在教学中，教师能合理引导学生拓宽习作的预设读者群体，可能会有意想不到的教学效果。比如，在《神奇的探险之旅》中，如果设想最终的作文成品可能会被拍成校园情景剧，在六一儿童节的时候进行表演，将读者、观众群体预设为学生，那么学生就会以自己的视角思考：小观众们最感兴趣的是什么？怎么样才能在短时间内抓住观众的眼球？这样探险就不仅仅是以学生的视角写给默认的唯一的读者——教师，学生的想象和表达将会更加丰富。此外，关于修辞的知识，实际上是关于语言表述的知识，包括语言的规范流畅、前后连贯、语句优美、精彩紧凑等内容。恰当运用修辞的知识是能否将想象的内容写清楚、写精彩的关键。

弗劳尔和海斯认为作者的工作记忆会经过计划、述写和复查三个过程。计划是述写前的准备工作，包括生成、组织和建立目标三个部分。“生成”指头脑中形成写作时将要使用的观念和内容，这些生成的东西可能来自长时记忆。比如在完成第六单元《神奇的探险之旅》的习作时，学生会联想到第四单元《二十年后的家乡》中学过列提纲和分段叙述，还可能会联想到某一次跟朋友去鬼屋的经历等，还可能联想到来自外部环境的经历，比如自己看的某一部冒险电影等。

组织“是指对生成的观念和内容进行布局，以确定如何表达这些信息”。[①] 组织不仅在写作前需要，类似于“打腹稿”，在写作过程中也会通过“组织”的方式来调整段落、句子。在《神奇的探险之旅》中，回答教材中的支架问题，并对这些答案进行合理的安排，本身就属于组织的内容。

建立目标，“是指作者对自己提出写作要求或订出计划，以便自我引导执行计划”。[②] 比如学生在习作时，想让自己的作文被选为上文提到的六一儿童节情景剧的脚本，就是建立了一个具体目标。也有些同学觉得自己本身的写作基础一般，可能选不上，于是建立了新的目标，即达到老师对于这次习作的基本要求即可。每个同学的目标可能不一样。我们在进行想象类习作教学的时候，要充分了解学生的基本情况，根据学情设置学生能达到的基本目标，大多数学生能达到的发展性目标，少数学生能达到的拓展性目标。同时，这也启发我们，在进行习作教学时，既要照顾基础一般的学生，又要给基础较好的学生留下一定的发展空间。要注意的是，计划过程中的生成、组织和目标建立者三者之间并不是线形的，也不是一次性完成的，而是在写作的全过程中反复地相互作用的。

述写，“就是把自己的观念转化为书面文字的过程”[③]。复查，“是指将写好的文章与心中的标准作比较，进行必要的修改，它包括两个方面：评价和修改”。[④] 这提示我们在想象类习作的教学过程中，应该给予学生提供关于内容和形式上的评价标准，这样有利于学生在写作过程中对照评价标准进行评价，在写作后对照评价标准进行修改。

尽管弗劳尔和海斯写作模型主要聚焦于成人高水平作者的写作过程，然而，对该模型的深入理解同样能够为小学教师在教授想象类习作时提供启示与帮助。这一模型所揭示的写作心理机制，有助于教师更好地设计教学活动，引导学生发展其创造性思维与表达能力，从而在想象类习作的实践中取得更好的效果。

---

① 董蓓菲编．语文教育心理学［M］．北京：北京大学出版社，2017：166.
② 董蓓菲编．语文教育心理学［M］．北京：北京大学出版社，2017：166.
③ 董蓓菲编．语文教育心理学［M］．北京：北京大学出版社，2017：166.
④ 董蓓菲编．语文教育心理学［M］．北京：北京大学出版社，2017：167.

三、刘淼：三级转换理论

作文心理转换理论认为作文是把思维活动转变为语言表达的心理过程。在此过程中，除了思维和表达两大因素外，转换也是不容忽视的因素。关于“转换”有两种观点，即一级转换理论和二级转换理论。一级转换理论认为“作文是把思维活动转变为语言表达的心理过程，在这一心理过程中，经历了一个从思维到表达的转换，即运用句法规则将非线性、无逻辑与自足的思维转换为线形、有逻辑且具交际性的表达。”① 这一理论虽然提出了转换这一问题，但对于如何转换并未阐明。二级转换理论在前者的基础上加入了“内部语言”这一中间环节，认为思维先经过一级转换变成内部语言，再经过二级转换，把内部语言变成表达。这一理论虽然解决了一级转换的问题，但是无法解释同为外部语言的口头语言与书面语言之间的关系。② 在此基础上，刘淼提出了三级转换理论。他认为“第一级转换是从思维到内部言语的转换，第二级转换是从内部言语到外部书面言语表达的转换，而内部言语到外部书面言语表达的转换要经过二级转换过程并进入到三级转换。”③

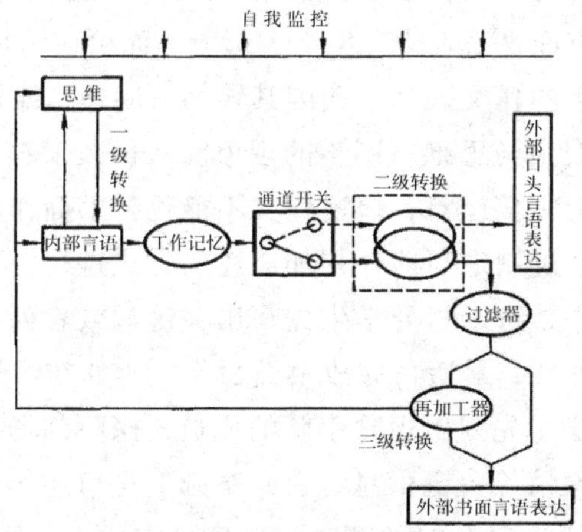

作文三级转换理论模式示意图④

---

① 刘淼．作文心理学［M］．北京：高等教育出版社，2001：39.
② 刘淼．作文心理学［M］．北京：高等教育出版社，2001：42.
③ 刘淼．作文心理学［M］．北京：高等教育出版社，2001：44.
④ 刘淼．作文心理学［M］．北京；高等教育出版社，2001：44.

三级转换理论对于习作教学有以下启示：

第一，语言表达包括口头言语和书面言语两种形式。学生之所以对书面语言表达难有兴趣，首先在于书面语言表达比口头语言表达要多经过一级转换，这就需要更多的时间进行加工。其次，在这一过程中，构思好的东西一边进入工作记忆，一边进行表达，如果二者所需时间存在较大差异，就会导致学生原有的构思发生丢失现象。这个时间差包括了书写速度的因素。这也就解释了为什么在小学想象类习作的教学中，平时能说会道的学生，最终写出来的习作却不尽如人意。

第二，口头言语表达和书面言语表达共同经历了二级转换的过程。二级转换是三级转换的基础。训练口头言语表达，有助于提高书面言语表达。但书面言语表达不一定要先经过口头言语表达的阶段。在想象类习作的教学过程中，教师进行写前指导时，对于基础好的学生，可以让他们直接进行书面习作；而对于基础一般的学生，可以先关注他们口头的表达。

第三，口述作文是降低写作训练难度的有效途径。“直接进行书面言语表达训练因未将两级转换区分训练而难度大，仅仅训练口头言语表达虽然将两级转换区分开来，但对书面言语毕竟作用有限。口述作文训练既符合区分训练的要求，又能对书面言语表达产生重大影响，而可成为最佳方法。”① 口述作文不仅训练了学生的作文表达，还因其转换时间短，缩短了学生表达与思维的距离，减少了表达与思维不同步的现象。从长久来看，口述作文有助于训练学生的思维。但需要注意，口述作文不能代替书面作文。如果想让口述作文更有效，可以通过制定写前计划加口述的方式进行。这也启发我们在想象类习作教学过程中，可以指导学生先写出关键词或者列出提纲，然后在此基础上再进行口述作文，最后再完成书面写作。比如在习作《神奇的探险之旅》中，可以指导学生先列出探险小队的成员、探险的场景、计划携带的装备、可能会遇到的险情等关键信息，在此基础上先口述作文。在学生口述作文的过程中，师生要进行及时的调整，最后再完成书面写作。经过列提纲、关键词、口述作文，再到书面写作的训练过程，学生的整体写作能力将会逐步得到训练。

---

① 董蓓菲编．语文教育心理学［M］．北京：北京大学出版社，2017：172.

四、吴立岗：思维发展程序与作文训练形式

吴立岗教授认为要解决当前中小学作文教学中存在的问题，必须尝试“探索高层次的能对中小学作文教学改革全局进行指导的教育学和心理学理论”①。吴立岗将“活动心理学派”提出的语言交际功能发展的年龄特点理论，引入到“中小学作文教学的题材开发序列和动机激发序列”中，并指出“思维是作文的关键”，“只有充分揭示思维发展的年龄特点，才能确定中小学作文教学的训练形式和策略”。据此，吴教授将整个小学阶段分为两个部分，他认为“小学 1~3 年级是想象活动的敏感期，应通过创造性的想象习作（童话体习作）培养学生再现表象的技能，包括在头脑中有目的地产生丰富的表象，确定表象之间的联系和积极地变换表象的结构，以发展学生想象的流畅性、变通性和独创性。”“小学 4 年级至毕业是观察活动的敏感期，应通过观察习作培养学生形成典型表象的技能，包括帮助学生获得丰富而鲜明的感性表象，从五光十色的表象中‘筛选’出典型的表象，并让他们通过想象生动地表现典型表象，以发展学生观察的目的性、条理性和深刻性。”② 从他的描述中可以看出，表象在想象中占有重要地位。而不同的生活经历和生活经验，会对表象直接产生重要影响。

比如，对于月亮的想象，“‘同一个月亮在他眼中，有时是可以饮的，带有薄荷味的流体物质；有时又变成剧毒的砒霜。’因而恐月症（月光下痛心疾首的经验）和恋月狂（月光下罗曼蒂克的经验）对现代诗人来说同样是重要的。”③ 而“月亮是烤焦的月饼”，“他说：‘大概在诗人的记忆中，有着被烤焦的故事，所以月亮在他眼中也是被烤焦的记忆，烤焦的月饼并不美丽光洁，但它也是一颗赤诚的乡心。’这就通过月饼的特征把月亮的阴影和思乡的焦灼之间的联想过渡环节揭示出来了。”④ 不同的生活经验，让诗人对月亮产生了不同的想象。只有认真观察生活，善于积累素材，才能为想象提供坚实的基

---

① 吴立岗．当前中小学作文教学改革须关注的三大问题［J］．课程．教材．教法，2014（07）：55-59.

② 吴立岗．当前中小学作文教学改革须关注的三大问题［J］．课程．教材．教法，2014（07）：55-59.

③ 孙绍振．当代中国文学的艺术探险［M］．福州：福建教育出版社，1998：259.

④ 孙绍振．当代中国文学的艺术探险［M］．福州：福建教育出版社，1998：260.

础。教师在日常教学中，要有意识地引导学生观察生活，在教学想象作文时，要想方设法地通过多种途径唤醒学生长时记忆中的表象，并根据其不同的阶段，让这些表象或产生关联，或变换结构，或“筛选”出典型的表象，从而为想象类习作提供充足的素材。

第二节　增强课程意识，用好教材

增强课程意识，是提升想象类习作教学质量与学生学习成效的关键一环，它要求教师深刻理解课程中有关想象类习作的设计理念、目标定位及内容结构，从而在教学实践中做到有的放矢。为此，教师应积极研读课程标准，把握学科的核心素养要求，将课程意识内化于心，外化于行。同时，用好教材是实现想象类习作课程目标的重要载体。教材不仅是知识的载体，更是培养学生思维能力、创新能力的重要工具。教师应深入挖掘教材的内涵与价值，灵活运用教材，结合学生实际，创造性地组织想象类习作教学内容，使教学更加贴近学生生活，激发学生的学习兴趣与想象主动性，从而有效提升想象类习作的教学质量，促进学生写作能力的全面发展。

一、精读课标

“语文课程标准（20 世纪后半叶叫语文教学大纲）是规定语文课程的性质、目标、内容框架，指导语文课程建设、教材编写、教学和教学评价的纲领性文件。”① 熟悉语文课程标准不仅能帮助教师全面、深入领会国家对语文课程与教学的基本指导思想以及规定的目标、任务和各种具体要求，进而做好语文教学工作，还能为教师在每次备课中提供针对性的指导。② 在想象类习作教学过程中，应重点关注以下内容：

（一）熟悉课标中有关想象类习作要求的发展脉络

改革开放后，教育领域得以重振旗鼓，步入了充满活力的全新发展阶段，

---

① 武玉鹏编．语文教师专业技能训练与教育实习［M］．北京：高等教育出版社，2007：11-12.

② 武玉鹏编．语文教师专业技能训练与教育实习［M］．北京：高等教育出版社，2007：12.

展现出了前所未有的繁荣景象。就作文教学而言，1980 年颁布的《全日制十年制学校中学语文教学大纲（试行草案）》中指出：“作文教学是语文教学的一个重要组成部分，学生语文学习得怎样，作文可以作为衡量的重要尺度，应十分重视。”1981 年教育部颁布的《全日制六年制重点中学教学计划试行草案》中明确规定：“语文课分阅读课和写作课”。这是自语文独立设科以来，第一次在课程标准和教学大纲中明确提出“写作课”概念，并且在教学大纲中强调了“写作”的重要性。

1986 年《全日制小学语文教学大纲》在各年级的具体教学要求中对五年制小学的五年级学生和六年制小学的六年级学生都提出了“能抓住事物的特点，展开合理的想象”的写作要求。这是改革开放以来，首次在教学大纲中明确且具体地提出了对写作中运用想象的要求，体现了学界对培养学生创造性思维与想象力的高度重视与明确导向。

此后，1988 年《九年制义务教育全日制小学语文教学大纲（初审稿）》和 1992 年《九年义务教育全日制小学语文教学大纲（试用）》都在教学内容和教学提示中涉及作文的部分提出了“展开想象”的要求，指出“要能够从实在的事物出发，适当展开想象，使作文内容更丰富些”。同时，在各年级的具体教学要求中提到五年制小学的四年级学生“观察事物能注意抓重点，并适当展开想象”，六年制小学的五年级学生“观察事物能抓重点，并适当展开想象”。

2000 年颁布的《九年义务教育全日制小学语文教学大纲（试用修订版）》，不仅在教学总要求中提到“能把自己的见闻、感受和想象写出来”，还提出了中年级“能不拘形式、自由地把自己的见闻和想象写出来”、高年级“能写简单的记实作文和想象作文”的年段要求。并在“教学中应该注意的几个问题”中提到了关于习作的要求：“要鼓励学生写想象中的事物，激发他们展开想象和幻想，发挥自己的创造性。”

至此，从改革开放以来颁布的各版本教学大纲来看，大纲对于写作中运用想象的要求呈现出以下特点：

第一，对学生运用想象的年级要求越来越低，关注到了不同阶段学生想象的不同特点，年级越低的学生，想象时所受的拘束越少，也更能呈现丰富多彩的写作表达。第二，对写作中的想象要素越来越重视。通过分析各版教学大纲中有关想象的表述模块，可以看到以下变化：从最开始只在学段要求中提到相关内容，到增加了在教学内容和教学提示中关于想象的表述，再到增加“教学中应该注意的几个问题”部分的要求。这些变化体现了教学大纲中对写作中想象要素表述模块的日益丰富，也显示了学界对培养学生想象力的高度重视。第三，在2000年颁布的教学大纲中，小学阶段的写作类型首次被明确划分为“记实”与“想象”两大类别，这一对写作的二元分类不仅标志着想象作文在小学写作体系中正式确立了其重要地位，而且成为后续多个版本课程标准中不可或缺的一部分。

2001年，教育部印发了《基础教育课程改革纲要（试行）》，开启了新中国成立以来的第八轮基础教育课程改革。2001年《义务教育语文课程标准》（实验稿）延续了2000版教学大纲的表述，仅在用词上做了部分调整。

2011年《义务教育语文课程标准》，在课程目标中增加了“能主动进行探究性学习，激发想象力和创造潜能，在实践中学习和运用语文”的要求，并将写作中有关想象的要求提前到了第一学段，要求一、二年级的学生在写话时能“写想象中的事物”。同时，在教材编写建议中提出“教材应符合学生的身心发展特点，适应学生的认知水平，密切联系学生的经验世界和想象世界，有助于激发学生的学习兴趣和创新精神”。此举进一步强化了想象在语文教学中的重要地位，确保其在教学实践中得到切实体现与重视。

最新修订的《义务教育语文课程标准（2022年版）》多次强调了想象的重要性，并在课程内容部分分学段、分板块、分学习任务群对想象类习作做了更加具体的要求。此外，在新增的学业质量中明确了第二、三学段对想象的要求，对想象类习作的重视程度体现得更充分。这一趋势与21世纪以来，想象力和创造力在加速科技进步、破解现实难题、促进个人全面发展以及推动社会整体进步等方面所展现出的关键作用相一致。

（二）重点解读《义务教育语文课程标准（2011版）》中有关想象类习作的要求

当前第二、三学段所使用的小学语文统编教材是依据《义务教育语文课程标准（2011年版）》编写而成。所以，《义务教育语文课程标准（2011年版）》是当前想象类习作教学的重要参考和依据。《义务教育语文课程标准（2011年版）》在课程目标、学段目标、教学建议、具体教学建议（写作教学建议）、教材编写建议五个部分都提到了“想象”一词，完善了对“想象”作文从课程目标—课程内容—课程实施建议的系统性要求。《义务教育语文课程标准（2011年版）》中有关想象类习作的具体内容详见下表：

表2.1 《义务教育语文课程标准（2011年版）》中有关想象类习作内容统计表

序号	位置	内容
1	课程目标	能主动进行探究性学习，激发想象力和创造潜能，在实践中学习和运用语文。
2	学段目标（第一学段）	写话，对写话有兴趣，留心周围事物，写自己想说的话，写想象中的事物。
3	学段目标（第二学段）	习作，观察周围世界，能不拘形式地写下自己的见闻、感受和想象，注意把自己觉得新奇有趣或印象最深、最受感动的内容写清楚。
4	学段目标（第三学段）	习作，能写简单的记实作文和想象作文，内容具体，感情真实。能根据内容表达的需要，分段表述。学写读书笔记，学写常见应用文。
5	教学建议	语文教学要注重语言的积累、感悟和运用，注重基本技能训练，让学生打好扎实的语文基础。尤其要注重激发学生的好奇心、求知欲，发展学生的思维，培养想象力，开发创造潜能，提高学生发现、分析和解决问题的能力，提高语文综合应用能力。
6	教学建议 具体建议 写作教学	为学生的自主写作提供有利条件和广阔空间，减少对学生写作的束缚，鼓励自由表达和有创意的表达。鼓励写想象中的事物，加强平时练笔指导，改进作文命题方式，提倡学生自主选题。
7	教材编写建议	教材应符合学生的身心发展特点，适应学生的认知水平，密切联系学生的经验世界和想象世界，有助于激发学生的学习兴趣和创新精神。

从写作目的来看，想象类习作是为了发展学生的思维，激发学生的想象力，开发学生的创造潜能。从写作内容来看，想象类习作的内容是写想象中的事物。教材编者在根据课标的精神和要求编写教材时，为学生写想象中的事提供了诸多支架。从写作形式上看，第二学段要求“能不拘形式地写”，第三学段要求“内容具体，感情真实”，同时“能根据内容表达的需要，分段表述”，这些要求，不仅体现了学段之间纵向的层次性、关联性，还对想象类习作的语言表述做了更明晰的要求。在指导想象类习作的教学过程中，教师应当严格参照课程标准的相关要求，清晰界定并理解不同学段学生在想象类习作中语言表达上的差异化需求。对于语言表达的发展性与层次性要求，教师应做到心中有数，确保教学活动能够循序渐进地促进学生能力的提升，既符

合学生当前的认知水平，又要引领其走向更高层次的表达。

（三）重点关注《义务教育语文课程标准（2022 版）》中有关想象类习作的要求

2024 年秋开始，根据《义务教育语文课程标准（2022 版）》修订的最新统编语文教材正在进行逐步更新和使用。目前，只有一年级开始使用了修订教材，在修订教材与统编教材同步使用这一过渡时期，对于《义务教育语文课程标准（2022 版）》中关于小学想象类习作的要求也非常值得老师们关注。《义务教育语文课程标准（2022 版）》中有关想象类习作的具体内容详见下表：

表 2.2 《义务教育语文课程标准（2022 年版）》中有关想象类习作内容统计表

序号	所在位置	原文
1	课程理念	义务教育语文课程实施从学生语文生活实际出发，创设丰富多样的学习情境，设计富有挑战性的学习任务，激发学生的好奇心、想象力、求知欲，促进学生自主、合作、探究学习。
2	课程目标	思维能力是指学生在语文学习过程中的联想想象、分析比较、归纳判断等认知表现，主要包括直觉思维、形象思维、逻辑思维、辩证思维和创造思维。
3	总目标	6. 积极观察、感知生活，发展联想和想象，激发创造潜能，丰富语言经验，培养语言直觉，提高语言表现力和创造力，提高形象思维能力。
4	学段要求（第一学段）	【表达与交流】3. 对写话有兴趣，留心周围事物，写自己想说的话，写想象中的事物。
5	学段要求（第二学段）	【表达与交流】4. 观察周围世界，能不拘形式地写下自己的见闻、感受和想象，注意把自己觉得新奇有趣或印象最深、最受感动的内容写清楚。
6	学段要求（第三学段）	【表达与交流】4. 能写简单的记实作文和想象作文，内容具体，感情真实。
7	课程内容	文学阅读与创意表达，学习内容，第二学段，学习用口头或者图文结合的方式创编儿童诗和有趣的故事，发展想象力。
8	课程内容	文学阅读与创意表达，学习内容，第三学段，学习联想与想象，尝试富有创意地表达。

续表

序号	所在位置	原文
9	学业质量（第二学段）	能用表现事物特征的词语描摹形象，用积累的语言材料，特别是有新鲜感的词句描述想象的事物或画面；运用联想、想象续讲或续写故事。
10	学业质量（第三学段）	写想象作文，想象丰富、生动有趣。
11	教材编写建议	密切联系学生的经验世界和想象世界。

在解读《义务教育语文课程标准（2022 版）》中有关想象类习作的具体内容过程中要注意以下两点：

一方面，应该了解课标最新理念和最新变化。义务教育语文课程标准修订组组长郑国民教授指出《义务教育语文课程标准（2022 年版）》有“强调热爱国家通用语言文字，树立中华文化自豪感和自信心”“凝练义务教育阶段语文学科核心素养，构建素养型课程目标”“探索结构化的语文课程内容”“突出评价导向，明确学生语文学业成就表现”四个重要变化①。在新课标颁布后，“核心素养”“育人价值”“学习任务群”“学业质量”“情境”“跨学科”等关键概念频繁出现在学者们的研究视野中。一线教师也应该主动关注、理解、领悟，以便在想象类习作的教学中落实。

另一方面，应重点关注其中关于小学想象类习作的相关内容，注意前后两版课标之间的关联与变化。与 2011 版课标相比，新课标关于想象类习作的要求在数量上有所增加，相关要求在课标中所处的位置也更丰富。同时，在课程理念、课程目标、总目标、学段要求、课程内容、学业质量、教材编写建议等板块也都涉及对想象的要求。新课标在 2011 版课标的基础上，将联想和想象并列，降低了直接想象的难度，提供了想象的方法。联想可以激发想象，而想象又可以基于联想进行构建。从课程目标来看，新课标关注到想象作为一种特殊的思维方式，对思维能力的提升有着重要作用。同时，思维能力的提升又有助于促进想象能力的发展，二者紧密关联。从写作的要求上来看，新课标在第二学段的课程内容中增加了“创编儿童诗”这样具体的写作

① 郑国民．强化语文课程的育人价值取向——《义务教育语文课程标准（2022 年版）》的四个重要变化［J］．人民教育，2022（Z2）：21–23.

体裁要求；在学业质量部分也增加了“用积累的语言材料，特别是有新鲜感的词句描述想象的事物或画面；运用联想、想象续讲或续写故事”的具体写作形式和方法的要求。从以上内容可看出，新课标对于想象类习作的表述也更加系统、具体，对其价值也更加重视。

二、研读教材

教材是教师开展教学活动的基础和依据。深入剖析并全面掌握教材内容，熟悉整套教材的编写框架与逻辑体系，特别是关注和研究想象类习作的教材编排，是每位小学语文教师必备的专业素养。这一过程不仅要求教师能够精准解读教材编写意图，还需灵活运用教材资源，以促进学生想象力与写作技能的有效提升。

（一）熟悉教材中的习作编排体系

了解整套教材在小学阶段的写作体系是基本前提。在小学三年级到六年级，除了六年级下册是 6 个单元外，其余每册 8 个单元，每个单元都安排了 1 次单元写作，一共 46 次单元习作（详见下表）。

表 2.3　小学统编语文教材单元习作统计表

册	单元	习作内容	训练要素	写作类型
三年级上册	一	猜猜他是谁	体会习作的乐趣。	写人
	二	写日记	学习写日记。	实用文
	三	我来编童话	试着自己编童话，写童话。	想象
	四	续写故事	尝试续编故事。	想象
	五	我们眼中的缤纷世界	仔细观察，把观察所得写下来。	写景
	六	这儿真美	习作的时候，试着围绕一个意思写。	写景
	七	我有一个想法	留心生活，把自己的想法记录下来。	实用文
	八	那次玩得真高兴	学写一件简单的事。	写事

续表

册	单元	习作内容	训练要素	写作类型
三年级下册	一	我的植物朋友	试着把观察到的事物写清楚。	实用文
	二	看图画，写作文	把图画的内容写清楚。	写事
	三	中华传统节日	收集传统节日的资料，交流节日的风俗习惯，写一写过节的过程。	写事
	四	我做了一项小实验	观察事物的变化，把实验过程写清楚。	实用文
	五	奇妙的想象	发挥想象写故事，创造自己的想象世界。	想象
	六	身边那些有特点的人	写一个身边的人，尝试写出他的特点。	写人
	七	国宝大熊猫	初步学习整合信息，介绍一种事物。	实用文
	八	这样想象真有趣	根据提示，展开想象，尝试编童话故事。	想象
四年级上册	一	推荐一个好地方	推荐一个好地方，写清楚推荐理由。	写景
	二	我的家人	写一个人，注意把印象最深的地方写出来。	写人
	三	写观察日记	进行连续观察，学写观察日记。	实用文
	四	我和______过一天	展开想象，写一个故事。	想象
	五	生活万花筒	写一件事，把事情写清楚。	写事
	六	记一次游戏	记一次游戏，把游戏过程写清楚。	写事
	七	写信	学习写书信。	实用文
	八	我的心儿怦怦跳	写一件事，能写出自己的感受。	写事
四年级下册	一	我的乐园	写喜爱的某个地方，表达出自己的感受。	写景
	二	我的奇思妙想	展开奇思妙想，写一写自己想发明的东西。	想象
	三	轻叩诗歌的大门	合作编小诗集，举办诗歌朗诵会。	诗歌
	四	我的动物朋友	写自己喜欢的动物，试着写出特点。	实用文
	五	游______	学习按游览的顺序写景物。	写景
	六	我学会了	按一定顺序把事情的过程写清楚。	写事
	七	我的“自画像”	学习从多个方面写出人物的特点。	写人
	八	故事新编	按自己的想法新编故事。	想象

续表

册	单元	习作内容	训练要素	写作类型
五年级上册	一	我的心爱之物	写一种事物，表达自己的感情。	实用文
	二	“漫画”老师	结合具体事例写出人物的特点。	写人
	三	缩写故事	提取主要信息，缩写故事。	写事
	四	二十年后的家乡	学习列提纲，分段叙述。	想象
	五	介绍一种事物	搜集资料，用恰当的说明方法，把某一种事物介绍清楚。	实用文
	六	我想对您说	用恰当的语言表达自己的看法和感受。	实用文
	七	________即景	学习描写景物的变化。	写景
	八	推荐一本书	根据表达的需要，分段表述，突出重点。	实用文
五年级下册	一	那一刻，我长大了	把一件事的重点部分写具体。	写事
	二	写读后感	学习写读后感。	实用文
	三	写研究报告	学写简单的研究报告。	实用文
	四	他________了	尝试运用动作、语言、神态描写，表现人物的内心。	写人
	五	形形色色的人	初步运用描写人物的基本方法，具体地表现一个人的特点。	写人
	六	神奇的探险之旅	根据情境编故事，把事情发展变化的过程写具体。	想象
	七	中国的世界文化遗产	搜集资料，介绍一个地方。	实用文
	八	漫画的启示	看漫画，写出自己的想法。	实用文
六年级上册	一	变形记	习作时发挥想象，把重点部分写得详细一些。	想象
	二	多彩的活动	尝试运用点面结合的写法记一次活动。	写事
	三	让生活更美好	写生活体验，试着表达自己的看法。	写事
	四	笔尖流出的故事	发挥想象，创编生活故事。	想象
	五	围绕中心意思写	从不同方面或选取不同事例，表达中心意思。	写事
	六	学写倡议书	学写倡议书。	实用文
	七	我的拿手好戏	写自己的拿手好戏，把重点部分写具体。	介绍说明
	八	有你，真好	通过事情写一个人，表达出自己的情感。	写人

续表

册	单元	习作内容	训练要素	写作类型
六年级下册	一	家乡的风俗	习作时注意抓住重点，写出特点。	介绍说明
	二	写作品梗概	学习写作品梗概。	实用文
	三	让真情自然流露	选择合适的内容写出真情实感。	写事
	四	我的心愿	习作时选择适合的方式进行表达。	不限
	五	插上科学的翅膀飞	展开想象，写科幻故事。	想象
	六	写策划书	策划简单的校园活动，学写策划书。	实用文

从上表可以看出，小学阶段的写作类型多样，包括了写人、写景、写事、想象、诗歌、实用类等，内容丰富多彩，涉及面广。王荣生教授曾批判中小学生写的作文都是“小散文”，“小学是写记叙文，中学加一点所谓的说明文”，“到了高中，开始写所谓哲理性议论文”。① 统编小学语文教材对于写作体系的编排突破了传统语文教学中写作教学只教记叙文、说明文、议论文“三分法”的窠臼，从学生的生活出发，更加注重实用性。教材中除了写人、写景、写事等常见的类型外，特别注重实用类文体的写作。统编教材涉及实用类文体包括了写日记、写想法、介绍实验过程、介绍事物、表达看法、读后感、研究报告、介绍地方、写倡议书、写作品梗概、写策划书等类型，内容丰富，形式多样，贴近现实生活，实用性较强。

另外，各种文体类型的写作在能力目标上都体现了循序渐进、螺旋上升的编排思路。如写人习作（详见下表），在整个小学阶段一共安排了 8 次写人的训练。

表 2.4 小学统编语文教材写人习作统计表

序号	单元	习作内容	训练要素
1	三上（一）	猜猜他是谁	体会习作的乐趣。
2	三下（六）	身边那些有特点的人	写一个身边的人，尝试写出他的特点。
3	四上（二）	我的家人	写一个人，注意把印象最深的地方写出来。

① 王荣生主编；邓彤执行主编．写作教学教什么［M］．上海：华东师范大学出版社，2014. 11：8.

续表

序号	单元	习作内容	训练要素
4	四下（七）	我的“自画像”	学习从多个方面写出人物的特点。
5	五上（二）	“漫画”老师	结合具体事例写出人物的特点。
6	五下（四）	他________了	尝试运用动作、语言、神态描写，表现人物的内心。
7	五下（五）	形形色色的人	初步运用描写人物的基本方法，具体地表现一个人的特点。
8	六上（八）	有你，真好	通过事情写一个人，表达出自己的情感。

从写作要求来看，教材对“写人”类的习作要求是由浅入深、层层递进的。它先激发学生的写人兴趣；其次逐步提升要求，希望学生能发现并写出人物的特点；再将事件叙述与人物塑造相结合，最后在这一基础上希望学生能融入个人情感。这种由浅入深的习作要求，既符合学生认知发展的特征，又能推动学生写作能力的逐步提升。

在写作对象的选取上，教材遵循了由熟悉到陌生的引导方式。第二学段鼓励学生从身边最亲近、最熟悉的人写起，如家人、自我等。随着写作实践的深入，在第三学段中，教材鼓励学生逐步拓宽视野，关注并描绘形形色色的个体，无论是亲朋好友，还是偶遇的陌生人，都可以成为学生笔下鲜活的角色。

此外，在46次写作活动中，有4次是整合在综合性学习中进行的，分别是三年级下册第三单元的中华传统节日、五年级下册第三单元的写研究报告、六年级下册第四单元的我的心愿、第六单元的写策划书。这些写作活动在大情境的引领下，与综合性实践活动中的听、说、读融为一体，让学生的写作训练具有实用性和情境性。

表2.5　小学统编语文教材综合性学习活动中的写作统计表

序号	单元	习作内容	训练要素
1	三下（三）	中华传统节日	收集传统节日的资料，交流节日的风俗习惯，写一写过节的过程。
2	五下（三）	写研究报告	学写简单的研究报告。

续表

序号	单元	习作内容	训练要素
3	六下（四）	我的心愿	习作时选择适合的方式进行表达。
4	六下（六）	写策划书	策划简单的校园活动，学写策划书。

最后，“语文学习园地”中的“词句段运用”和随文安排的写作训练也是不可忽视的。前者“旨在通过词句段的范例，让学生认识词句段的基本形式和使用方法，在练习中逐步熟练运用技能，致力于语言的‘表达力’。这个序列包括词语及其使用规则、句式及其语境效果、语段及其结构功能，以及记叙、说明、描写、议论和抒情等表达形式的运用与转换等。”① 后者多以课后习题中的“小练笔”形式出现，旨在借鉴课文的表达方法。虽然这些写作训练的目的是通过以写促读的形式加深学生对课文的理解，但毫无疑问，这一“写”的手段也对写作的训练起到了助力作用。

（二）聚焦教材中的想象类习作编排

在想象类习作的教学过程中，关注小学阶段想象类习作的编排体例也是不容忽视的。统编小学语文教材中想象类习作的编排由单元习作、独立的习作单元、课后习题和语文园地等部分组成，具体来看，呈现以下特点：

1. 立足生活，逐步提升——单元习作的编排

从三年级开始，教材中的习作不再与语文园地混编在一起，而是独立编排自成系统，单元习作是整个习作系统中最重要的组成部分。统编小学语文教材中共有单元习作 64 个，其中旨在培养学生想象能力的单元习作有 11 个，具体如下表：

表 2.6 统编小学语文教材中想象类单元习作整理表

序号	所在单元	习作主题	语文要素
1	三上第三单元	我来编童话	感受童话丰富的想象。 试着自己编童话、写童话。

① 薛法根 . 用母语编织意义——统编小学语文教材写作教学要义［J］. 语文建设，2019（02）：9-13.

续表

序号	所在单元	习作主题	语文要素
2	三上第四单元	续写故事	一边读一遍预测，顺着故事情节去猜想。 学习预测的一些基本方法。 尝试续编故事。
3	三下第八单元	这样想象真有趣	了解故事的主要内容，复述故事。 根据提示，展开想象，尝试编童话故事。
4	四上第四单元	我和______过一天	了解故事的起因、经过、结果，学习把握文章的主要内容。 感受神话中神奇的想象和鲜明的人物形象。 展开想象，写一个故事。
5	四下第二单元	我的奇思妙想	阅读时能提出不懂的问题，并试着解决。 展开奇思妙想，写一写自己想发明的东西。
6	四下第八单元	故事新编	感受童话的奇妙，体会人物真善美的形象。 按自己的想法新编故事。
7	五上第四单元	二十年后的家乡	结合资料，体会课文表达的思想感情。 学习列提纲，分段叙述。
8	五下第六单元	神奇的探险之旅	了解人物的思维过程，加深对课文内容的理解。 根据情境编故事，把事情发展变化的过程写具体。
9	六上第一单元	变形记	阅读时能从所读的内容想开去。 习作时发挥想象，把重点部分写得详细一些。
10	六上第四单元	笔尖流出的故事	读小说，关注情节、环境，感受人物形象。 发挥想象，创编生活故事。
11	六下第五单元	插上科学的翅膀飞	体会文章是怎样用具体事例说明观点的。 展开想象，写科幻故事。

在第二学段中，教材每单元安排了一次习作，每册 8 次，共 32 次习作。其中有 6 次想象类习作，分别是三年级上册的《我来编童话》、三年级下册的《奇妙的想象》（习作单元，后文另述）《这样想象真有趣》、四年级上册的《我和______过一天》、四年级下册的《我的奇思妙想》《故事新编》。三年级上册的《我来编童话》，让学生根据教材提供的词语发挥想象编童话。三年级下册则主要是让学生大胆想象，天马行空地去创造属于自己的想象世界。四

年级则要求“想”得有条理，有依据，或想象自己跟神话或童话故事中的人物在一天中发生的故事；或从生活实用性出发，把自己想发明的东西画下来，写清外形和功能；或是根据提示选择一个故事重新编写故事内容。

在第三学段中，除了六年级下册是 6 次单元习作，其余每册仍然是 8 次。这个学段共有 30 次习作，其中有 5 次是想象类习作，分别是五年级上册的《二十年后的家乡》、五年级下册的《神奇的探险之旅》、六年级上册《变形记》《笔尖流出的故事》和六年级下册的《插上科学的翅膀飞》。这一学段对学生想象能力的要求有所提高，不仅要求学生能够想象场景和事情，还要求编出来的故事要有情境、有情节、有趣；在写作上要求学生会“列提纲、分段叙述”，能注意到情节的转折，能将重点部分写得详细一些；在故事类型上不仅能编写生活故事，还要能够编写科幻故事。

“写作教学应贴近学生实际，让学生易于动笔，乐于表达，应引导学生关注现实，热爱生活，积极向上，表达真情实感。”① 只有贴近生活实际，学生才会“易写”“乐写”“写真”，才能更好地发展想象，提升思维能力。小学语文教材中安排的 11 次想象类单元习作，都是从学生的生活实际出发，整合情境、方法、资源等要素来着力于学生想象能力的逐步提升。如《续写故事》提供了李晓明爸爸妈妈不在家，同学陪他过生日的生活情境；《这样想象真有趣》举了生活中常见或常从故事中了解的母鸡、蚂蚁、老鹰、蜗牛等动物，假如他们失去了原来的主要特征或变得与原来完全相反，将会怎么样，不仅增强了趣味性，且与学生的原有认知产生强烈冲突，自然而然地调动起学生的想象思维，使其产生想象与表达的冲动，同时也暗含了想象的方法——反方向去想；而《我和______过一天》和《故事新编》都属于从学生生活中熟悉的神话或童话故事出发，提供了想象的切入口和素材。

此外，从想象类习作的编排要求上看，整体上呈现出逐步上升的趋势。一方面，从对想象的要求来看，从大胆想象——合理想象——生动想象逐层螺旋递升。另一方面，从对写作的要求来看，从简单地写清楚故事里的人物、时间、地点，到要求写得有条理，写具体事物发展变化的过程，重点部分写详细、写生动，再到从创编生活故事和科幻故事两种类型来整合前面所学的

① 中华人民共和国教育部制定．义务教育语文课程标准（2011 年版）[S]．北京师范大学出版社．2011：23.

想象类习作要素，如关注环境、人物、情节、结局等，由分到总，逐一增加训练要素，最后整合加强。

总之，小学阶段统编语文教材中的 11 次想象类单元习作，从生活出发，结合学生的身心特点、教材的主题单元以及语文训练的要素，整合情境、方法、资源等要素，从想象的思路、角度、方法、形式要求等方面在习作中呵护、发展学生的想象力和创造力，循序渐进地训练学生的思维和培养学生的写作能力。

2. 以读促写，专项突破——习作单元的编排

习作单元是统编教材新编排的一个单元模块，从三年级开始在每册教材中各编排了一个习作单元，在培养学生阅读理解能力的同时，更加关注书面表达能力，有利于实现阅读与表达二者的有机统一。整套教材的习作能力有一条主线，其中想象能力的培养，是其不可或缺的一部分。

三年级下册第五单元，是小学阶段唯一一个以培养学生想象能力为要点的习作单元，对于学生想象类习作能力的培养有至关重要的作用。这一单元由单元导语、两篇精读课文、交流平台、初试身手、两篇习作例文以及习作这几个部分组成。

其中，单元导语“想象力比知识更重要——［爱因斯坦］”，明确了本单元的主题为想象；“走进想象的世界，感受想象的神奇”和“发挥想象写故事，创造自己的想象世界”，点明了本单元的习作要求。通过对该单元两篇精读课文《宇宙的另一边》和《我变成了一棵树》的学习，让学生感受想象的奇妙和趣味。接着在“交流平台”部分，从两篇精读课文中总结出了大胆想象和想象奇特两个关键点。紧接着，在“初试身手”部分趁热打铁，发挥想象，编写了两个关于想象的活动：手指画和接龙编故事，前者童趣十足，后者与游戏相结合，能很好激发学生的兴趣。“习作例文”《一致铅笔的梦想》和《尾巴它有一只猫》，让学生通过旁批，再一次感受想象的奇特。最后，水到渠成地安排了本单元的习作：奇妙的想象。

教材编者借鉴了“现代语文教材的范本”——《国文百八课》，在统编小学语文教材中新增了习作单元。《国文百八课》每一课为一单元，分为文话、文选、文法或修辞、习问四个部分。吕叔湘先生在谈到《国文百八课》时说道“文话是编排的纲领，文选配合文话，文法修辞又取材于文选，这样

就不但是让每一课成为一个单元，并且让全书成为一个有机的整体。”① 可见文话与习作单元中的单元导语的作用是相似的，前者“以一般文章理法为题材”，后者包括单元主题和语文要素，都是所在单元的灵魂，其他模块则是围绕这个灵魂所塑造的血肉。《国文百八课》中的文选部分选了两篇古今文章作为范例，这与习作单元的精读课文和习作例文相对应；而文法即作文的方法或手法，从已学的文选中取例，与交流平台中交流精读课文的表达方法相一致；习问，“根据着文选，对于本课的文话、文法或修辞提举复习考验的事项”，这与习作单元的初试身手和单元习作有相通之处。总的来看，《国文百八课》中课的结构与习作单元各模块的结构有如下对应关系：

文话——单元导语，单元主题和语文要素

文选——精读课文+习作例文

文法——交流平台

习问——初试身手+单元习作

综上，统编小学语文教材的编者在编排习作单元时，不仅汲取了《国文百八课》编排的优秀经验，还与时俱进，力求更好地处理阅读和习作的关系。从结构上来看，习作单元各模块是一个有机的逻辑整体，“导语”点明语文要素（习作要求）——“精读课文”学习表达方法——“交流平台”梳理总结表达方法——“初试身手”初步尝试运用表达方法——“习作例文”进一步感悟、积累经验——“单元习作”呈现本单元的学习成果。② 但具体细看这一想象作为写作能力序列之一的习作单元，则存在着侧重点不明晰的问题。

在单元导语中，揭示单元主题的句子是爱因斯坦的名言：“想象力比知识更重要”，这里强调了想象力的重要性。而从“走进想象的世界，感受想象的神奇”“发挥想象写故事，创造自己的想象世界”这两个揭示语文要素的句子中，则可以提炼出“感受想象的神奇”和“发挥想象写故事”两个要点。

两篇精读课文《宇宙的另一边》和《我变成了一棵树》，通过二者课后习题中的“更奇妙、更有趣”“有意思”“奇妙”等词语，可以看出编者的重

① 夏丏尊、叶绍钧编．国文百八课［M］．北京：生活·读书·新知三联书店，2008：1.

② 人民教育出版社课程教材研究所小学语文课程教材研究开发中心编．义务教育教科书教师教学用书．语文三年级·下册．［M］北京：人民教育出版社，2018：3.

点在于感受想象的“趣”和“妙”。从课文内容来看，前者提供的想象角度是反方向想象，后者提供的想象角度是想象时可以把自己想象成别的事物。

在紧接着“交流平台”的三条总结中，第二条的关键词是“奇特”，第一条和第三条的关键词则是“大胆想象”，强调了大胆想象和想象的奇特，并未强调前面两篇课文是如何想象的，这样学生只知道要去大胆想象，而对于如何大胆想象，则缺乏可操作的程序性知识。

“初试身手”的手指画设计童趣十足，激发了学生想象的兴趣。而接龙编写故事的两个开头，则与后面习作例文对于想象策略的关注相一致，前者关注联系事物的特点来展开想象，引导学生抓住瞌睡虫能使人昏睡的特点和常出现的场景展开想象，后者关于颠倒村的故事则更多地关注反向想象，希望学生能从生活中熟悉的一切出发，想象其颠倒了之后会发生什么有趣的事情。

初试身手关注的两个想象策略与两篇习作例文是一致的，从其旁批得以一窥其重点。《一支铅笔的梦想》中“豆角、丝瓜和铅笔一样，都是细长的。铅笔想成为‘长长的豆角’‘嫩嫩的丝瓜’，我觉得这样的想象自然、合理”“铅笔想为小松鼠当撑杆，为小猴子当标枪。它为什么会这样想呢?”两处批注，前者直接点明想象要自然、合理，后者引导学生思考想象的合理性，都是关注想象要合理。《尾巴它有一只猫》的两处旁批“猫有尾巴，尾巴怎么能有一只猫呢?”“像这样反方向去想象，尾巴就能有一只猫了。真有意思!”关注的是想象的方法，即反方向去想象，落脚处是有意思，即趣味性。

单元习作的主题是“奇妙的现象”，关注的是奇妙，提供了七个题目：

贪玩的小水滴
水果们的音乐会
小树的心思
躲在草丛里的星星
手罢工啦
滚来滚去的小土豆
假如人类可以冬眠

并要求“要大胆想象，创造属于自己的想象世界。”这些题目都暗含了本单元想象的方法：联系事物的特点去想象和反方向去想。如“贪玩的小水滴”，水是学生生活中熟悉的事物，可以从颜色、形状、质地等方面的特点出发来展开想象；同时，通过形容词“贪玩的”将其拟人化，并能跟学生自身好玩的特点联系起来。此外平时所见的水是客观的物体，一旦小水滴有了“人”的情态、喜好会发生什么有意思的事情呢？这是与学生认知产生冲突之处。这样，基于生活（水的特点、学生的特点），又不被生活所局限（拟人化的贪玩的小水滴——反方向去想），打破了学生的惯性思维，让学生在练习写作时能写、会写。

具体梳理如下：

“导语”点明语文要素（习作要求）——想象的神奇，写想象作文

“精读课文”学习表达方法——想象的奇妙、有趣（反方向想；想象时可以把自己变成别的事物）“交流平台”梳理总结表达方法——想象的奇特、大胆想象

“初试身手”初步尝试运用表达方法——联系事物的特点来想、反方向去想

“习作例文”进一步感悟、积累经验——联系事物的特点来想（想象的自然合理），反方向去想

“单元习作”呈现本单元的学习成果——想象的奇妙，大胆想象

根据以上梳理，可以看出侧重点不明晰体现在以下两处：

一是“精读课文”模块体现表达方法的学习不明晰。虽然精读课文的内容，对于想象的方法做了提示，《在宇宙的另一边》提示的是想象时可以从反方向想，《我变成了一棵树》提示的是想象时可以把自己变成别的事物，但课后习题只是强调感受想象的有趣和奇妙，并未提示和强调想象的方法。

二是“交流平台”模块应该要从两篇精读课文中梳理总结出表达的方法，为单元习作提供支架。但遗憾的是，这一单元的此模块与“精读课文”模块相同，还是在强调要感受想象的奇特，大胆想象，并未结合精读课文对“怎么想象”，即想象的路径或方法，提示学生进行梳理和归纳。

单看本单元的编排可能说服力不大，那再来对比看看同样是习作单元的三年级上册第五单元，这一单元关注的习作要素是观察，同样按照以上思路对这个单元的各个模块梳理如下：

在单元导语中明晰了语文要素：留心观察，仔细观察，写下观察所得。其中留心观察是意识，是习惯，而细致观察是方法；先有留心观察的意识和习惯，再提供怎样观察的程序性知识。精读课文提到可以从动物的外貌和动作以及事物的变化来观察这一方法，在交流平台中再一次总结了留心观察和细致观察两个关键词。

接着，初试身手围绕留心观察举了过马路的蜗牛和表姐送的芒果两个例子，前者与精读课文《搭船的鸟》中“鸟”这一个观察对象相呼应，观察动态的蜗牛，且蜗牛是生活中常见，但不一定会注意的小动物，提醒学生要留心观察，细致观察。同时，与习作例文1《我家的小狗》相呼应，特别是对小狗的叫声观察得很细致；后者观察的是静态的芒果，从芒果的颜色、触感、香味、味道各个角度来观察，提供了观察的视角，也与习作例文2《我爱故乡的杨梅》中写到的杨梅的大小、外貌、味道各个角度相呼应。另外，习作例文2又强调了精读课文2《金色的草地》中提到的要注意事物的变化这个观察角度，写了杨梅逐渐成熟过程中刺和颜色的变化。最后的单元习作写“我们眼中的缤纷世界”，举了三幅图：秋天、上学路上、课间的教室，这些都是学生日常生活中的常见情景，提示学生要留心观察，并在留心观察和细致观察后，会在日常生活中看到不一样的缤纷世界。最后，梳理总结了这个习作单元观察的要求和方法。

整个单元各个模块的安排环环相扣，层层递进，特别是精读课文和习作例文，都特意选编了一动态一静态、一动物一植物的文章，整体上做到了围绕留心观察和细致观察两个关键词，从有意识地观察、观察的要求、怎样观察三个层面螺旋上升地学习观察这一习作要素。具体梳理如下：

“单元导语”：点明语文要素（习作要求）——怎样留心观察，仔细观察，写下观察所得

“精读课文”：学习表达方法——细致观察，留意（留心观察、注意事物的变化：翠鸟的外貌描写，捕鱼时动词的使用，草地变化的时间顺序。）

“交流平台”：梳理总结表达方法——留心观察，细致观察

“初试身手”：初步尝试运用表达方法——留心观察，细致观察，观察的方法：闻、尝

“习作例文”：进一步感悟、积累经验——仔细观察，观察方法：声音、味道

“单元习作”：呈现本单元的学习成果——细致观察，观察方法：看、听、摸、闻、尝、注意事物的变化

同样是三年级的习作单元，“观察”这一单元显然比“想象”单元编排得更有条理和更富有逻辑性。

“精读课文”与“习作例文”两个模块既有相似之处，也有不同之处，区分好二者，有利于教师在习作教学时更好地使用这两个模块。首先来看二者的共通之处：“精读课文”和“习作例文”，都是由两篇阅读文本组成，从读写结合的角度来看，都是希望通过这两个模块阅读文本的学习，习得习作的表达方法，为后面的习作提供表达方式的支架，是在进行“以读促写”。所以这两个模块的“读”，是为了后面的“写”服务，是通向“写”的路径，两个模块阅读文本的学习目的都是指向习作表达方法的习得与感悟。

再来看二者的区别。王荣生教授从选文功能的角度把教材选文分为四类：“定篇”“例文”“样本”“用件”。“例文”“是为相对外在于它的关于诗文和读写诗文的事实、概念、原理、技能、策略、态度等服务”，“大致相当于理科教学中的直观教具，给语文知识的学习添补进经验性的感知。”① “样本”相当于叶圣陶先生说的“课文无非是个例子”，“通过学生的自主阅读，发现问题，解决问题，把握选文，进而养成阅读或写作同类诗文的能力的目的”，② 强调“具体的学生与特定的文本交往的过程”，教材编撰形式常采用“搀扶式”等，也就是“以旁批评点面目出现的语文教材”，③ 照此分类，“精读课文”中的选文应属于“例文”，而“习作例文”中的选文应属于“样本”。就三年级下册第五单元来看，“精读课文”指向的是学习关于想象类习作的策略等，“习作例文”指向的是在阅读特定的两篇例文时，学生能结合教材的旁批进行自主阅读，进而能写出类似的想象故事。前者强调策略的习得，即如何想象，怎样想象得大胆奇特，后者强调学生的自主构建，结合前者对

① 王荣生．语文课程与教学内容［M］．北京：教育科学出版社，2015：177.

② 人民教育出版社课程教材研究所小学语文课程教材研究开发中心编．义务教育教科书教师教学用书．语文三年级·下册．［M］北京：人民教育出版社，2018：90.

③ 王荣生．语文课程与教学内容［M］．北京：教育科学出版社，2015：195.

于如何想象的策略的学习，进一步感悟，内化为自己的知识，为后面单元习作的迁移奠定基础。只有前者明确了如何想象的策略，后者才能更好地内化感悟，单元习作中才能更好地迁移运用。

在习作单元中，具体习作策略的习得至关重要。而想象这一要素在习作中的落地与这一单元各模块之间的逻辑关联息息相关。只有明确好各模块的功能与编写意图，才能在教学中充分利用好这一单元，使想象类习作的教学更加富有成效。

3. 读写结合，综合训练——课后习题、语文园地的编排

除了专门的想象序列的习作单元和单元习作外，教材的阅读等其他部分涉及想象这一语文要素的地方也不少，包括单元导语、课后习题、语文园地等，其中有三个单元的单元导语中提到想象这一语文要素：

> 三年级下册第一单元单元导语："试着一边读，一边想象画面。"
>
> 四年级上册第一单元单元导语："边读边想象画面，感受自然之美。"
>
> 六年级上册第七单元单元导语："借助语言文字展开想象，体会艺术之美。"

这些单元导语中提到的"想象"指向的是阅读策略，通过想象来帮助学生进入课文，加深对课文的理解和感悟，这些单元的课后习题也对应单元导语有编排相关的练习，来呼应想象这一语文要素的训练。但具体涉及习作这一"写"的活动的，只有六年级下册第22课《月光曲》后的选做题："听一听自己喜欢的音乐，展开联想和想象，把想到的情景写下来。"通过以写促读的形式不仅呼应单元导语中的"借助语言文字展开想象，体会艺术之美。"，还将这一要求付诸笔端，让学生动笔写下来。

此外，这种"以写促读"的读写结合形式在课后习题中还有9处。这9处的分别为：二年级下册3处，三年级上册1处，三年级下册3处，四年级下册1处，六年级上册1处。课后习题的设置都是在学习课文的基础上，结合想象，通过仿写、扩写或续写（编故事）的形式，训练学生的写的同时，加深对课文的理解。

表 2.7　统编小学语文教材想象类课后习题整理表

序号	年级	课文	课后习题
1	二下	8　彩色的梦	你想用彩色铅笔画些什么？试着仿照第 2 小节或第 3 小节，把想画的内容用几句话写下来。
2	二下	9　枫树上的喜鹊	看到下面的情景，你会想到什么？试着写下来。
3	二下	20　蜘蛛开店	接下来会发生什么事？展开想象，续编故事，讲给大家听。
4	三上	6　秋天的雨	想象一下，秋天的雨还会把颜色分给谁呢？照样子写一写。
5	三下	20　肥皂泡	读句子（略），体会丰富的想象，再想一想：这些轻清脆丽的小球，还有哪些美丽的去处呢？
6	三下	25　慢性子裁缝和急性子顾客	选做：假如裁缝是急性子，顾客是慢性子，他们之间又会发生怎样的故事呢？发挥想象，讲给同学听。
7	三下	28　枣核	默读课文，用自己的话复述这个故事。如果有兴趣，试着续编这个故事。
8	四下	27　巨人的花园	选做：发挥想象，把孩子们在巨人的花园里尽情玩耍的情景写下来。
9	六上	14　穷人	小练笔：沉默中，桑娜会想些什么呢？联系课文内容，写一写桑娜的心理活动。
10	六上	23　月光曲	选做：听一听自己喜欢的音乐，展开联想和想象，把想到的情景写下来。

《心理学大辞典》中对想象的定义是："在头脑中对已有表象进行加工、改造、重新组合形成新形象的心理过程。"在课后习题这种读写结合形式中，课文内容作为学生熟悉的表象，能让学生更加游刃有余地对其进行加工、改造和重新组合，而将这一心理过程以文字的形式呈现，便使得想象这一要素在语文实践中得以落实。读写结合是语文教学中常用且历史悠久的一种方式，也是教材编写中常见的一种处理方式。读写结合包括以写促读和以读促写，前者的落脚点在"读"，"写"只是一种方式或者说手段，通过"写"这一活动，加深对"读"的理解；后者则与前者相反，"读"是方式或者路径，"写"才是目的，将阅读中学到的方法迁移并运用到写作中。虽然课后习题中"写"的侧重点在于加深对所学课文的理解，但并不影响学生想象力的培养。

再比如六年级上册第 14 课《穷人》课后的小练笔：

> "是啊，是啊，"丈夫喃喃地说，"这天气真是活见鬼！可是有什么办法呢！"两个人沉默了一阵。沉默中，桑娜会想些什么呢？
>
> 联系课文内容，写一写桑娜的心理活动。

此处对于桑娜心理活动的写作，是对课文的一种扩写，只有在理解前文桑娜不顾一贫如洗的现状，出于善良的本能抱回两个孩子，同时又担心丈夫会责骂的忐忑心理，才能合理地写出沉默中桑娜的心理活动。这样的扩写不仅要求学生能在理解课文的基础上进行写作，而且写作出来的内容也需要符合课文的情境。一方面能检测学生对前文的理解，另一方面也能为更好地理解课文打下基础。

另外，还有 3 处语文园地的词句段运用这一模块也涉及了想象类习作的训练，分别为三年级上册第六单元、第七单元的语文园地和五年级上册第三单元的语文园地。其中，前二者提供了词语和例句作为支架，关注的是通过想象写句子，难度并不大。后者要求仿照例子，"把牛郎织女初次见面的情节说得更具体"，虽只要求说得更具体，其实也是另一种形式的扩写。

表 2.8　编小学语文教材语文园地想象类活动整理表

序号	年级	单元	语文园地
1	三上	第六单元	看到下面的词语，你的眼前会浮现怎样的画面？选择一两个词语写句子。
2	三上	第七单元	读一读，想象句子描写的情形，然后照样子写句子。
3	五上	第三单元	仿照下面的例子，把牛郎织女初次见面的情节说得更具体。

统编小学语文教材中的单元导语、课后习题及语文园地等对于想象类习作的训练基本是以读促写的形式，通过仿写、续写、扩写等活动，训练想象这一语文要素，为逐步提升想象类作文的写作能力助力。

叶圣陶先生说"生活是写作的源泉，源头盛而文不竭"。统编小学语文教材中的想象类习作在主题、资源、方法、情境等方面都从学生熟悉的生活与学习出发，让学生有取之不尽的想象之源；同时，阅读是写作的起点，也是写作的基础，习作单元、课后习题、语文园地的编排可窥见编者从读写结合的角度对学生想象类习作编排的良苦用心。语文教师只有熟悉教材、吃透教材，才能用好教材，同时，在使用教材中，教师要能有独立的思考意识，才能将教材的用处发挥至更大。

第三节　提高写作指导效率

叶黎明教授认为“就体裁而言，想象作文应该划归文学写作范畴；就写作目的与意义而言，想象作文也应是文学性的写作，因为想象作文是写儿童的梦幻生活，是儿童对美好世界的一种追求，是对现实生活中缺憾的善意的补充和解说。”想象作文教学“应该以审美的想象力及表达能力的培养为主要目标。”① 教师在想象类习作教学过程中，对写作的指导应从想象力的培养和表达能力的培养两方面着手。

一、想象方法与思路的指导

就想象力而言，在教学过程中，指导学生如何展开想象尤为重要。心理学认为黏合、夸张、典型化是进行想象的三种常见方法。黏合“就是将旧的形象中从未结合过的属性、特征在头脑中结合成新的形象。例如‘龙’‘麒麟’的形象。”② 比如三年级下册第五单元的习作《奇妙的想象》，提供了以下激发学生想象的题目：“小树的心思”“贪玩的小水滴”“躲在草丛里的星星”“水果们的音乐会”“手罢工啦”“滚来滚去的小土豆”“假如人类可以冬眠”。这些题目中的中心词——“小树”“小水滴”“星星”“水果们”“手”“小土豆”“人类”都是学生熟悉的对象。但是，当加上与中心词关联度不大的属性和特征的修饰词之后，最终形成的形象是学生未见过的，引发了学生的认知冲突，从而有效激发了学生的想象思维。这里所运用的就是“黏合”的想象方法。这些修饰词虽然与中心语没有结合过，但是都是学生所熟悉的

① 叶黎明．辨异：想象与文学的想象——对想象作文教学目标的审议与讨论［J］．语文建设，2008（09）：7-10.

② 张阔．普通心理学［M］．天津：南开大学出版社，2011：210.

内容，便于学生从自己日常生活中提取经验，与中心词碰撞，擦出意想不到的想象火花。

夸张“即通过突出旧形象的某些特点而形成的形象，如‘超人’‘千手观音’的形象。”① 比如三年级上册第八单元的习作《这样想象真有趣》，提供了“能在天空飞翔的母鸡”“个头比树还大的蚂蚁”“变得胆小如鼠的老鹰”“健步如飞的蜗牛”四种与日常生活中截然不同的动物形象，抹去了这些动物原来的主要特征。很明显是采用了夸张的想象方法。在教学中，可以将动物原本的特征与现在新的特征之间进行对比，进而对某一动物日常中常见的行为进行夸张化的描写。

典型化“即根据一类事物的共同特征创造出新的形象。如小说中的很多人物形象都是通过这种方式创造的。”② 在小学阶段，课程标准并未要求学生要学会写小说，但教材还是提供了让学生体会典型化这一想象方法的机会。比如六年级上册第四单元的习作《笔尖流出的故事》，需要学生在故事中创设“较鲜明的人物形象”。鲁迅先生曾说过他小说中的人物，“不专取一个人，往往是嘴在浙江，脸在北京，衣服在山西”，是“拼凑起来的角色”。③ 人物形象要鲜明，就要运用典型化的策略，像鲁迅先生一样把生活中不同人物的特征集合在一个人物形象身上。当然，对于六年级的学生而言，这种要求难度很大。只需要学生体会这一典型化手法即可，并不要求深入理解和掌握。

教师如果能在教学过程中巧妙地整合与呈现教学材料，并辅以适量的针对性练习，学生是有能力掌握并运用以上这些想象方法的。这一过程不仅要求教师具备高度的组织与设计能力，还需要关注学生在练习中的反馈与调整，以确保教学效果的最大化。

此外，林可夫编的《基础写作概论》一书中提出了五种想象的思路，这些思路对学生想象类写作能力的提升有很好的借鉴作用。

第一种思路是象形想象。这种思路源于象形文字，是在事物原来形状的基础上进行模拟的一种想象思路，“通过某一特定的具体形象以表现与之相似或相近的概念、思想和感情。”这种思路可以“把抽象的概念转化成具体的形象”；“把浓缩的成语、诗句扩展成生动的画面”；“把文章中简略的概述变成

---

① 张阔．普通心理学［M］．天津：南开大学出版社，2011：210.

② 张阔．普通心理学［M］．天津：南开大学出版社，2011：210.

③ 鲁迅．鲁迅全集·第四卷［M］．北京：人民文学出版社，1981：513.

细致的描写等”。[1] 比如四年级下册《巨人的花园》的课后选做题：“发挥想象，把孩子们在巨人的花园里尽情玩耍的情景写下来。”课文中巨人拆除围墙后，花园重新成了孩子们的乐园，而对孩子们在花园中尽情玩耍的描写却只有“孩子们站在巨人的脚下，爬上巨人的肩膀，尽情地玩耍”这一句。课后习题抓住了“尽情地玩耍”这一简略的概述，让学生发挥想象，通过细致的描写，扩展成生动的画面。这种“扩写”常与阅读课文一起进行，将抽象的概念转化为具体的形象，不仅能加深学生对课文本身的理解，还能以课文为基础，发挥学生的想象，提升学生语言表达能力。

第二种思路是象征想象。“是一种托物寄意，揣摩事物象征意义的思路。它以具体的事物（意象）为媒介，简介陈述某种抽象的观念，表现某种复杂的情感。换句话说，它根据事物外在或内在的某种具体特征，想象出某种与之相应的精神、品格或含义。”[2] 比如四年级下册第八单元的习作《故事新编》，本次习作要求学生选定结局，通过想象完成《龟兔赛跑》故事改编。在教学中，老师可以根据教材提供的四种故事结局来引导学生展开想象。比如利用“乌龟又赢了”这一结局，让学生想象乌龟“借助滑板”这一故事情节，在此基础上，让学生揣摩乌龟“借助滑板”这一故事情节与“乌龟又赢了”这一故事结局之间的内在关联，归纳出相应的精神、品格或含义，即有时候善用工具有助于成功。通过象征想象的思路，能够帮助教师有效引导学生从所想象的内容中获得启示，进而提升想象的品质。

第三种思路是类比联想。这是一种“通过联想深化认识的思路。它或是把两件以上的事物的某种相同或相异之处加以类比（即：形象——形象），从而得出某种启示，用以说明某种比较抽象、深邃的事理；或把两种以上的精神、作风、品格加以类比（即精神——精神），得出某种结论，正确的使之升华，错误的加以鞭挞。”[3] 类比联想包括接近联想、类似联想、对比联想三种联想方式。“接近联想是一种以时间与空间为诱因的联想，根据人们不同的生

---

① 林可夫主编；叶素青，孙绍振等著．基础写作概论［M］．福州：福建人民出版社，1985：92-93.

② 林可夫主编；叶素青，孙绍振等著．基础写作概论［M］．福州：福建人民出版社，1985：94.

③ 林可夫主编；叶素青，孙绍振等著．基础写作概论［M］．福州：福建人民出版社，1985：96.

活阅历或知识积累，把处在相近时间里发生的事（或可能发生的事）、或相近的空间里存在的事物串联起来。接近联想摄取的意象，在时、空上相近，在物类或事项上可以是相同的，也可以是相宜的。”① 比如四年级上册第四单元的习作《我和______过一天》，如果选择和神话、童话故事中的人物过一天，可以引导学生让这个人物穿越到现代社会中来，结合学生自己的生活阅历和知识积累，带着这个人物领略现代社会的风采。也可以引导学生想象自己如果穿越到这个人物的时代去，会发生什么有意思的事情。这样，学生现有的生活阅历和知识积累与想象中的人物所在的时代会碰撞出不一样的火花。这是以学生为中心，从时间、空间两个角度来发散思维，展开联想。

“对比联想是由具有对立关系的事物引发的联想。”“类似联想，就是由具有相似特征的事物引起的联想。”② 在三年级下册第五单元的习作《奇妙的想象》中，教材提供的七个题目中有六个题目将生活中熟悉的事物加上了熟悉的对象——人的特征，通过拟人化的表述，便于学生展开类似联想。教师在教学过程中，要引导学生梳理、归纳所熟悉事物的特点。同时，还要对其拟人化的特征展开对比联想、类似联想。在此基础上，找到他们的相似之处，并在引导学生在这些相似点上多停留、多想象。

第四种思路是推测想象。“这是一种通过已知推测未知的思路。它根据事物的发端和过程，推测它的结果；根据事物的过去和现在，推测它的未来；根据熟悉的事物，推测生疏的事物。”③ 比如三年级上册第四单元的习作《续写故事》，就可以引导学生通过已知，即教材中提供的两个学生过生日的情形，推测、想象李晓明过生日的情形。在这个过程中，先引导学生充分讨论自己过生日的情形，这些是学生已知的、熟悉的内容，也是学生想象的基础。在此基础上，再引导学生关注李晓明爸爸妈妈不在家这一特殊情况，进而推测、想象如何帮助李晓明过生日这一结果。再如五年级上册第四单元的习作《二十年后的家乡》，教师在教学中可以从环境、工作、生活等方面，引导学

① 林可夫主编；叶素青，孙绍振等著．基础写作概论［M］．福州：福建人民出版社，1985：97.

② 林可夫主编；叶素青，孙绍振等著．基础写作概论［M］．福州：福建人民出版社，1985：98.

③ 林可夫主编；叶素青，孙绍振等著．基础写作概论［M］．福州：福建人民出版社，1985：102.

生关注家乡的过去、现在，进而推测二十年后的家乡。

第五种是合成想象，这是一种“合众为一”的思路，“它要求我们把平日的生活积累打乱、分割，然后按照写作的需要，杂取种种的人物、故事、环境，通过想象，糅成一体，创造出一个新的人物、故事、环境；也可以用某一个人物、故事、环境作骨干，吸收同类型的有关特点，‘集众美于一身’（或‘集众丑于一身’），塑造出一个新的形象。”① 这一点与上文说的典型化其实是相通的，不再赘述。

孙绍振教授曾说“想象的成功与否，关键就在联想的渠道是否顺畅。”②《义务教育语文课程标准（2022年版）》也第一次在课标的多处同时提到联想与想象，关注到了联想与想象二者既相互联系又相互促进的关系。联想能为想象提供基础材料和灵感来源，为想象提供可靠的基础，想象在联想的基础上可以进行更为合理、丰富的创造，同时又能反过来促进更深入的联想。二者共同促进学生思维的发展和想象能力的提升。

二、语言表达能力的指导

要想写好想象类习作，除了有良好的想象能力外，还要有熟练的语言表达能力。“形象的胚胎是客观对象的特点和作家情感的特点在想象中变异的结合，在结合时，若无语言的表达仍然会落空。”③ 当然，在语文教学中，不仅是想象类习作需要熟练的语言表达能力，其他类型的写作同样也需要。“写作教学必须提高表达能力，这是天经地义的，是作文课的天职。”④ 如果想把想象的故事写清楚，必然需要有条理的叙述；如果想要写出来的想象故事吸引人，那么需要把某个片段的内容写具体；如果想要写出打动人的作文，那么需要融入自己的情感。

《义务教育语文课程标准（2011年版）》在第二学段的习作部分强调“尝试在习作中运用自己平时积累的语言材料，特别是有新鲜感的词句。”学生阅读量的重要性是不言而喻的，但在实际教学中，小学生课外阅读与积累

---

① 林可夫主编；叶素青，孙绍振等著．基础写作概论［M］．福州：福建人民出版社，1985：104.

② 孙绍振．文学性讲演录［M］．桂林：广西师范大学出版社，2006：124.

③ 孙绍振．文学性讲演录［M］．桂林：广西师范大学出版社，2006：129.

④ 周庆元．关于写作教学过程的思考［J］．课程．教材．教法，1992（11）：44-47.

是非常有限的，语文课堂才是学生积累语言材料的主要阵地。如果能充分利用教材中文质兼美的课文，并将其转化、内化为自己的语言，学生在语言材料的积累上将会更高效，在具体写作中的语言表达也会更富成效。林世凤老师聚力范例来落实单元写作的训练。他通过词语运用式积累、句子组合式积累、段落补充式积累来盘活作为范例的课文的“言”；通过别样的句式、段落的构成、篇章的结构等学生易于发现的显性的写作范式聚焦作为范例的课文的“形”；通过情节的设置、篇章的构思、主题的表达等学生难以发现的隐形的写作秘妙来感悟范例的“神”。① 他的这些方法对于想象类习作语言表达的提升同样具有重要作用。教师在教学过程中，应该充分利用教材资源，从促进语言表达的角度发挥课文的价值，读写结合，提升学生的想象类习作水平。

叶圣陶先生说“通常作文，胸中先有一腔积蓄，临到执笔，拿出来就是，是很自然的。”② 在写想象作文时，这些“积蓄”，不仅包括想象能力，还包括语言表达能力。只有二者都积累到位了，写出来好的想象类习作便水到渠成了。“这种审美想象的语言表达能力，所追求的目的是想象、情感和语言表达的统一，即通过得体的语言形式表达想象，从而有效地表现作者内心的情感、态度与价值观等。”③ 优秀的想象类习作，想象和语言表达，二者缺一不可。

三、全过程的写作指导

一篇好的想象类习作，离不开老师的指导。但大多数时候，老师更关注学生正式动笔写作前和写作完成后的指导，对于学生写作过程中的具体指导重视不足。正如董蓓菲教授所言：“从国际写作教学发展轨迹来看，教育发达国家的写作教学如美国，经历了‘文章写作’——关注作品，到‘过程写作’——关注作者，再到‘交际语境写作’——关注读者这样一个发展进程。而从我国中小学写作教学主流看，我们尚处于第一阶段，即以学生的作品为

---

① 林世凤．聚力范例：落实统编教材写作训练点的教学策略［J］．语文建设，2019（02）：14-17.

② 叶圣陶．叶圣陶语文教育论集．［M］．北京：教育科学出版社，1980：434.

③ 叶黎明．辨异：想象与文学的想象——对想象作文教学目标的审议与讨论［J］．语文建设，2008（09）：7-10.

中心。"[①] 当然，目前很多老师也发现了过程指导对学生写作的重要性，但是如何对学生进行过程性指导，却缺乏具体可行的措施。美国的过程写作法可以为解决这一难题提供借鉴和思考。

美国过程写作法提倡教师全程指导和管理学生的写作，并将学生写作活动分为预写作（Prewriting）、打草稿（Drafting）、修改（Revising）、校订（Editing）、发表（Publishing）五个阶段[②]。在预写作阶段结束后，教师会给学生提供呈现了写作内容、表达方法、写作策略等写作知识的写作清单，学生可参照写作清单的要求"打草稿"，对照写作清单评价和修改作文，在"校订"阶段对照写作清单进行自我、同伴作文的校对，最后"发表"觉得符合写作清单要求的作文。在整个的写作过程中，教师对于学生写作的指导以文字的形式逐条罗列出来，以便作为学生每个写作阶段的参考。同时，又不会出现老师出声打断、扰乱学生写作思路的情况。

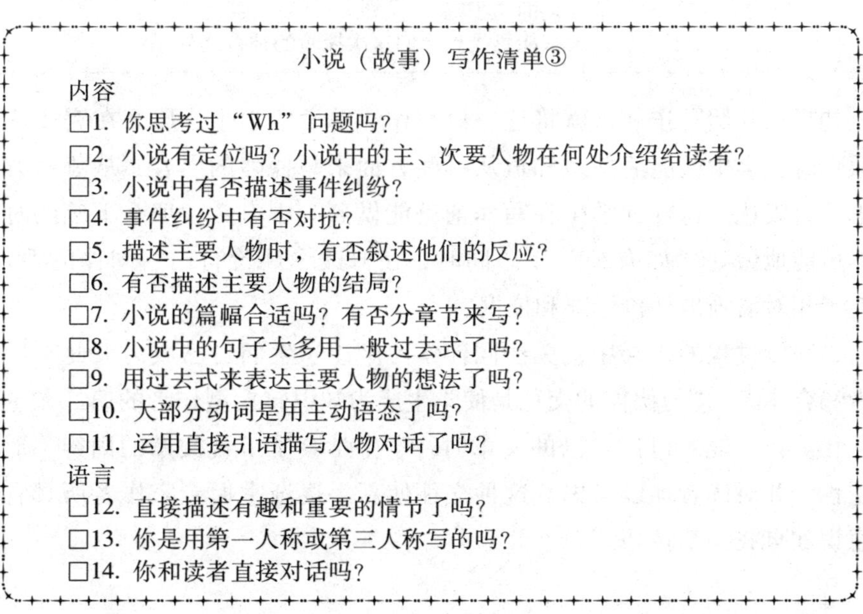

小说（故事）写作清单[③]

内容

□1. 你思考过"Wh"问题吗？

□2. 小说有定位吗？小说中的主、次要人物在何处介绍给读者？

□3. 小说中有否描述事件纠纷？

□4. 事件纠纷中有否对抗？

□5. 描述主要人物时，有否叙述他们的反应？

□6. 有否描述主要人物的结局？

□7. 小说的篇幅合适吗？有否分章节来写？

□8. 小说中的句子大多用一般过去式了吗？

□9. 用过去式来表达主要人物的想法了吗？

□10. 大部分动词是用主动语态了吗？

□11. 运用直接引语描写人物对话了吗？

语言

□12. 直接描述有趣和重要的情节了吗？

□13. 你是用第一人称或第三人称写的吗？

□14. 你和读者直接对话吗？

以上"小说（故事）写作清单"为我们展开想象类习作教学提供了新思路。基于此，笔者设计了"《神奇的探险之旅》写作清单"，尝试为学生的写

---

① 董蓓菲．作文教学的症结何在［J］．语文学习，2011（02）：11-13+3.

② 董蓓菲编．语文教育心理学［M］．北京：北京大学出版社，2017：176.

③ 董蓓菲编．语文教育心理学［M］．北京：北京大学出版社，2017：177.

作提供参考。清单如下：

《神奇的探险之旅》写作清单

内容

□1. 你想过为什么要去探险吗？

□2. 你是以什么为依据来选择你的探险小队成员的？

□3. 你想去哪儿探险？为什么？

□4. 你准备带上哪些装备？为什么？

□5. 你觉得你们可能会遇到什么险情？从开始探险到遇到险情，你们的心情是怎样的？

□6. 你们探险小队是如何处理这次险情的？每个人的意见一样吗？

□7. 你们成功度过这次险情了吗？谁的方法更有效？为什么？有什么收获呢？

语言

□8. 把你们遇到的困境写具体了吗？

□9. 求生的方法写具体了吗？有顺序吗？

□10. 有语言描写、心理描写吗？

□11. 有体现心情变化的句子吗？

□12. 读了之后，大家能感受到你们这次探险的神奇之处吗？

如果在开始写作前，就将这一份写作清单发给学生，那么在完成这个探险故事时，学生就能清楚地知道从哪些方面来写探险的内容，从哪些方面来考虑语言表达。这样，学生在写作前就能做到心中有数，那么下笔的时候便能尽可能地做到“如有神”了。同时，在修改、评价自己、同伴的习作时，也有了相对清晰地评价标准和依据。

在写作过程的指导中，关注同伴学习。让学生们自己成为彼此写作的指导者和合作者。“与伙伴的交往是使学生成为知识转换型作者的第二条重要教学途径。在与他人讨论自己的文章时，学生学会了审视文章的内容、形式与创造性，并对读者加以考虑。这种交往使新手逐渐掌握专家作者所具有的语言意识和自我调整技巧。”①

第四节　完善习作评价体系

习作评价对学生正确了解自己的写作水平有着非常重要的作用。一方面，

① 吴庆麟等编．认知教学心理学［M］. 上海：上海科学技术出版社，2000：295.

肯定、鼓励等正向评价，能够增强学生的写作信心和动力。另一方面，通过教师在评价中指出的问题，学生能够清晰地了解自己在语言表达和想象等方面存在的问题和不足，帮助其反思自己的写作过程。总之，系统、合理的习作评价体系能有效地促进学生写作能力的提高。完善习作评价需要了解学生写作能力的阶段性特征，要注重评价方式的多样化、评价主体的多元化，同时，还要适当拓展习作的展示途径。

一、了解写作能力的阶段性特征

在进行系统、合理的评价之前，应该对学生所处阶段的作文水平有一定的了解，才能结合学生写作的阶段性特点，进行恰当的评价。沃金森通过对三个年龄组360个学生的研究，发现不同年龄学生的写作能力发展有不同的特征。其中十岁儿童组写作能力的特征如下：

> 1. 记叙。能依事件先后次序叙述，开始有情节安排，有开头结尾，有详略。少数学生还能运用倒叙或回顾的方法。自传体记叙“我”中，开始有描写的成分，以阐述情节。除时间外，开始注意空间要素。
>
> 2. 情感。仍以自我为中心，较少评价自己的感受；开始注意自己以外的人物，并加以简单的描述。
>
> 3. 对读者的认识。部分学生有明显的读者观念，知道写作要符合读者的要求。
>
> 4. 对语体的注意。在记叙文中，有学生开始注意语体，如用对话表达情节。
>
> 5. 风格。基本形成书面语，字词运用渐趋正确，字词和成语运用较以前成熟，有的还会有意识地运用新学词汇修饰文章。掌握句法，但还会写错长句。①

朱作仁把学生写作能力的发展分为五个阶段，其中小学中年级属于“过渡期”，一般表现特征为“用文字写一个场景、一个人的肖像或一件简单的事等，篇幅加长，懂得写文章的难度；出现个别差异，开始出现不会写文章的

---

① 董蓓菲编．语文教育心理学［M］．北京：北京大学出版社，2017：173.

学生。这阶段基本完成从口述向笔述，从句、段向篇章的过渡，开始注意文章的构思。转变的趋势表现为从不切题到切题，从不能分清段落到分清段落，从写简单句到写比较复杂的复句等。”小学高年级属于“初级写作期”，一般表现特征为“写作范围扩大、联想合理，能分别运用记叙、描写、说明等表达方法；注意围绕中心选材、组材、思路日趋有条理；从自然的开头、结尾向多样化的开头、结尾发展；从平铺直叙、不善于表达思想感情向初步借物抒情发展，有一定的文字表现力；初步掌握了记叙文写作的一般要求和写作方法。”① 遵循写作能力发展的阶段性规律，建立科学的教学与评价序列，是提升写作教学有效性的关键。教师需在准确把握各学段特征的基础上，设计符合认知发展水平的教学活动，实现写作教学的精准施策，同时，不要人为的拔高或降低学生想象类习作的评价标准。只有明确学生的写作能力，才能在评价中提出对学生合理的写作要求和指导。

二、评价方式多样化，评价主体多元化

就评价主体而言，大多数时候教师是作文批改的主体。语文教师也很清楚批改作文是指导学生写作实践的一个重要环节。然而，他们又普遍认为作文批改往往“事倍功半”，费心费力全班精批精改的实际成效并不大。这种付出和回报落差极大的情况严重打击了教师批改作文的积极性，导致部分教师在批改习作时或简单打个分数或等级，或一“阅”了之，无法发挥习作评改的应有功能。

在批改习作时，教师首先要明确“批改作文必须解决学生的实际问题，必须是和学生的具体情况、思想认识、语文水平、写作能力以及进步的程度和接受的能力紧密联系配合着的。只有在现有基础上才能逐步提高。”② 不能仅站在教师的立场，盲目地进行批改，甚至是以教师的标准大刀阔斧地全文修改。这种费力不讨好的做法不仅会使学生的作文面目全非，而且还会打击学生的积极性。

关于作文批改，阮真先生将学生存在问题的作文归纳为“宜改的”“难改的”“绝对不宜改的”三类。“宜改的”作文存在文法不通顺、词语不确当、

---

① 朱作仁．小学作文教学心理学［M］．福州：福建教育出版社，1993：91.

② 语文教学社辑．谈批改作文［M］．天津：大众书店，1952：4.

修辞不雅洁、段落不分明、标点不清楚、存在错别字等问题；"难改的"作文存在思想不清晰、理论不正确、见解不切合三个问题；对于存在文意不切题、结构不谨严问题的作文是"绝对不宜改的"，只能退回重写。① 这三种对于问题作文的归类，为教师在习作批改中明确了批改的大致方向。

在作文批改中，提高批改效率是语文教师普遍关注的问题，语文教学社编辑的《谈批改作文》中提供了一个可供参考的方法：

第一步，对全班学生的第一次作文进行耐心、深入、细致的精批改，以便全面了解和掌握全班学生的具体写作情况。第二步，将全班同学按照作文能力程度的不同分为"最优组""普通组"和"稍低组"。教师根据分组制订指导计划，明确每组的写作要求和目标，比如巩固并保持"最优组"的写作水平，提高"普通组"的写作能力，加强对"稍低组"的指导，使其尽量赶上"普通组"的写作水平，并向"最优组"发展。当然，一个班难免有写作水平比"稍低组"还要低的，对于这些同学，应该在深入了解他们写作水平较低的原因的基础上，单独采取一些更有效的方法，如个别"补课"，个别谈话、多鼓励、多提供具体帮助，发动和组织关系好的同学随时给他提供帮助等。对于他们的作文，要求不应过高，每次提一个小要求，只要学生有一点进步，应及时提出表扬，并具体指出学生进步的地方和保持这些进步的方法。第三步，批改的时候要根据以上分组进行批改。批改作文时"首要的在发现各组的发展规律和各个组中的共同优缺点在哪里，掌握了这一点，一方面能研究如何改进他们共同的缺点，如何发扬他们各组的共同的优点——各组间的优点还可以互相交流经验，以便要求普遍的提高。另一方面也就相对地节省了教师的时间，解决了因工作繁重而招致的时间不够分配的困难。所以做好批改工作，也在善于随时总结经验和精密地分析问题。"②

阮真先生认为作文批改最重要的目的是"使学生自觉他文字的优劣。倘使批了之后，学生仍不自觉，那就等于不批。"所以"教师改文要注意的就是，学生的程度本来浅的，改笔不可太深，文章本来坏的，改笔不可太好。有的教师斟字酌句，极意推敲，改下一句文章，自己摇头抖脚，却不知道学生完全不能欣赏他，领解他。""要因病发药，因材施教，准对着原作的程度

---

① 阮真．中学作文教学研究［M］．上海：民智书局，1929：151-153.

② 语文教学社辑．谈批改作文［M］．大众书店，1952：6-9.

的。"① 这种分组进行批改的形式，有利于老师较大面积地基于学生写作的实际情况进行修改。不仅减轻了教师的批改压力，也能为学生之间的互批互改奠定基础。"如果要批改发生功效，要学生自觉文字的优劣，明白批改的道理，便要做些指示矫正的工夫；要学生得到互相观摩之益，还要把选卷发表或揭示。"② 如果在分组批改的基础上，让学生相互观摩批改的结果，并相互借鉴，会让批改达到事半功倍的效果。当然，以上的分组批改有可供借鉴的地方，也难免会存在一些问题。比如，仅凭一次作文就进行分组，分组的结果难免失之偏颇，这也需要教师根据实际的教学情况，合理使用这一方法。

不少教师尝试让学生作为主体来批改作文，但是在具体教学实践中，这种学生互批互改的方式成效却十分有限。究其原因是学生在批改过程中，缺乏具体的批改标准，作文批改往往存在较大的随意性。在美国的过程性写作中，教师通常会运用同伴和小组合作学习创设一个合作、对话、交流的写作共同体，来帮助所有学生建构和生成写作知识。在学生完成习作初稿后开始小组合作学习，"每个学生朗读自己的作文并获得组员反馈的建议，以确定自己所需修改的内容。合作学习小组的成员围绕作者表达的主题思想发表自己的意见。"小组合作学习要求见下表：

表 2.9 小组合作学习要求表③

作者	组员
·确定自己希望得到的帮助并告诉组员 ·朗读自己的作文，可以要求组员复述 ·询问需细化哪些内容 ·提出自己的疑惑，请组员提出建议	·倾听作者的朗读 ·对作者的问题做出反应并提供帮助 ·指出文中自己喜欢的内容、词句 ·指出文中写得不够清楚的地方，并提出修改建议

"伙伴不但是学生文章的重要读者，还使'读者'这一概念变得明确而现实。通常与伙伴交流，学生会逐步形成自己内部的对话。"④ 所以在评改作文时，要充分发挥学生的主观能动性，不仅要让他们更加明确优秀作文的标准，

① 阮真．中学作文教学研究［M］．上海：民智书局，1929：154.
② 阮真．中学作文教学研究［M］．上海：民智书局，1929：168.
③ 董蓓菲编．语文教育心理学［M］．北京：北京大学出版社，2017：177-178.
④ 吴庆麟等编．认知教学心理学［M］．上海：上海科学技术出版社，2000：296.

还要让学生能够在交流中扬长避短，提升自己的写作、修改能力。

三、拓宽习作展示途径

“让学生把自己的文章大声读给伙伴或父母听。让学生相信自己的耳朵，大胆修改那些听起来怪异的句子。根据经验，学生在默读时容易漏掉错误，大声读出来会使错误显而易见。他们很快会发现，听起来不对劲的文章往往不好，好的文章听上去应该很悦耳。如此，学生就得到了有关自己写作质量的直接反馈。仅仅大声朗读还不够，学生还要重写怪异的地方，直到听起来顺耳。”① 在小组合作过程中，特别是对于小学生而言，大声朗读很重要。

信息化时代，学生上网越来越方便，也在网络上有自己的朋友圈和交际圈。正如薛法根老师所言“如果让学生将写成的作文发表出来，接受更多人的阅读指正，让读者来‘倒逼’作者提升水平，也不失为网络时代的一种有效策略。”② 所以，教师在进行想象作文评改的时候，可以与时俱进，发到班级 QQ 群、公众号、微博等网络平台，也不失为一种有效的方式。特别是对于优秀作文的反馈，可以在获得学生同意的情况下，发到老师的朋友圈或者班级公众号，将朋友圈的点赞和评论反馈给学生，这样的方式能有效地提升学生写作的自我效能感，激励他们为写出优秀的作文而努力。

---

① 吴庆麟等编．认知教学心理学［M］．上海；上海科学技术出版社，2000：296-297.

② 薛法根．用母语编织意义——统编小学语文教材写作教学要义［J］．语文建设，2019(02)：9-13.

第三章

小学语文想象类习作教学设计评析

本章选取了何捷老师的《这样想象真有趣》与宋小飞老师的《故事新编》两份代表性的想象类习作教学设计进行评析。两份设计都紧密围绕课程标准的要求，精准把握教材精髓，同时充分考虑学生的实际情况与学习需求，科学合理地规划教学流程，为想象类习作教学的高效实施提供了教学示范。本章通过对这两份教学案例的详尽剖析，旨在提炼出其中的教学智慧与创新实践，为一线教师在想象类习作教学方面提供参考，以期共同推动想象类习作教学的持续进步与发展。

第一节　何捷《这样想象真有趣》教学设计评析

何捷老师《这样想象真有趣》教学设计发表于《小学教学》（语文版），2020 年第 7-8 期。何老师的教学设计围绕故事的基本构成展开，旨在降低学生的写作难度，激发他们的创作兴趣，从而提高想象类习作的教学效率。本节从教材分析、课堂教学环节介绍、教学设计评析等方面对何老师的教学设计展开了剖析与评价，并提出了优化建议。

一、教材分析

何老师本次授课内容是三年级下册第八单元的单元习作。第八单元包括单元导语、选文、口语交际、习作和语文园地四个板块。单元导语中指出“有趣的故事，留下的不仅是开心的笑声，还有许多的思考”，以此提示本单元的主题是“有趣的故事”，而“了解故事的主要内容，复述故事”和“根据提示，展开想象，尝试编童话故事”则明确了本单元的学习要素。本单元围绕单元主题和学习要素编排了《慢性子裁缝和急性子顾客》《方帽子店》《漏》《枣核》四篇课文。这四篇课文通过鲜明的人物个性、有趣的故事情节、情理之中意料之外的故事结局等呼应了单元提示中的“有趣的故事”这一主题。课后习题和课前提示也通过表格、示意图、文字提示等方式让学生学会“复述故事”。口语交际通过“趣味故事会”不仅呼应了单元主题“有趣的故事”，还与语文要素“复述故事”保持了一致，同时也为后面的单元习作奠定了基础。此外，语文园地的“词句段运用”板块关注到了有趣的故事题目，为学生提供了习作的拟题策略。

本单元的习作要求是“根据提示，展开想象，尝试编童话故事”。这里并不是第一次想象类习作的训练。在三年级上册第三单元，教材已经安排了《我来编童话》这一想象类习作。在这次习作中，教材提供了人物、时间、地点等关键词，要求学生尝试创编一个要素齐全的童话故事。三年级下册又专门安排了一个习作单元《奇妙的想象》，教材提供了“最好玩的国王”等七个题目，鼓励学生大胆想象。在此基础上，本单元的习作《这样想象真有趣》，列举了母鸡、蚂蚁、老鹰、蜗牛四种日常生活中常见的动物，并提示“一旦动物失去了原来的主要特征，或是变得与原来完全相反，它们的生活会有什么变化？又会发生哪些奇异的事情呢?”要求学生选择一种动物作为主角，大胆想象，编写童话故事。

从以上分析可以看出，整个单元围绕“有趣的故事”展开，单元中每个版块都紧密围绕复述故事和编童话故事两个语文要素展开。就编童话故事而言，单元中的四篇选文能帮助学生了解故事的基本要素，为学生展开想象、编写童话故事提供抓手。口语交际立足于“说”，是编写童话故事先“说”后“写”的“说”，也提供了“写”的素材和打开了“写”的思路。语文园地的“词句段运用”，为编写故事提供了使语言表达更加形象化的支架以及让习作拟题有趣的方法支撑。

二、课堂教学环节介绍

何捷老师《这样想象真有趣》教学设计共分为以下三个环节：

环节一：了解写作任务

1. 出示写作任务，明确写什么。首先给学生出示了本次写作的任务，让学生对写什么做到心中有数。同时，也树立了学生编写故事的信心。

2. 回顾教材，了解故事的基本要素。先出示教材的插图，让学生猜课文的名称。再通过交流教材中四个故事的共同之处，明确故事的基本要素：主角、事故、意义，为下一个环节的写作实践做好了准备工作。

环节二：写作实践

1. 再次明确写作任务。请学生再次阅读本次写作任务，根据写作提示，关注故事的主角——动物，并提醒学生主角可以是“失去了原来的主要特征”，或者是“变得与原来完全相反”。

2. 尝试描写主角。出示本单元故事的三个开头，总结出故事开头的三个特点：“从一开始，发生在特别时间。第一时间，主角就隆重出场。刚一出场，主角就很不一样。”学生结合这三个特点，开始尝试写一个有意思的故事开头。

3. 尝试创编情节。引导学生把动物当作“人”，让他们从会说话、能做事、爱幻想三个方面来写情节。还提供了不同情节创编故事的不同要求，让学生根据自己的选择，按要求创编情节。

环节三：修改实践

这一环节分三次修改实践进行：

第一次修改实践，请一位同学朗读鼹鼠与袋鼠的故事片段，其他同学结合主角、情节、意义中的一点给予鼓励。师生交流结束之后，学生各自修改自己的习作。

第二次修改实践，老师出示了根据不同写作类型进行修改的建议，让学生分组讨论后进行再次修改。

第三次修改实践，是在课堂中两个写作片段的基础上，提出的更高要求：运用多个情节或者多种类型来写故事，通过组合写与综合改的方式，让故事变成小小说。

三、教学设计评析

何捷老师关于《这样想象真有趣》的教学设计（以下简称“《这样想象真有趣》教学设计”）聚焦于故事的基本要素，让学生易于动笔，乐于表达，努力使写作教学变得扎实而有效，具体体现了以下特点：

（一）读写结合，充分利用教材

读写结合是语文教学中常见的一种方式。《这样想象真有趣》教学设计充分利用学生熟悉的本单元课文，总结出故事的基本要素；又巧妙利用课文的三种开头，帮助学生总结出开头的三种写法，这是典型的以读促写。通过阅读课文，提炼总结出写作的要点和方法，将阅读课文作为获得写作要点的凭借，落脚点在于提升学生的写作技能。课文作为整个单元最重要的组成部分，既是编者围绕单元主题“有趣的故事”和单元语文要素“复述故事”“创编故事”精心挑选、编排的选文，又是学生熟悉的语言材料。在阅读课上，学生通过深入研讨课文，对课文内容了然于胸；在习作课上，学生面对作为例子的课文，在老师的引导下，能迅速反应并概括出故事的要点。

（二）注重过程指导，明确习作方向

传统的作文教学更加关注写作前和写作后的指导，而在学生正式动笔写作的过程中，往往只有自己孤军奋战，摸着石头过河。何老师的写作课注重全过程指导，其中写前指导部分明确了学生的写作任务，确定了故事的基本要素；写作过程指导部分，依次指导学生怎么写开头、如何创编故事情节；写作后的指导，通过三次修改交流，完成习作的评改。何老师的写作课呈现了对完整写作过程的全程指导，让学生对写作这个“硬骨头”有步骤、有目的地分而化之，学生在写作时不再手足无措，无从下笔，在修改习作时也不再像无头苍蝇一样毫无头绪。

（三）提供写作支架，降低习作难度

《这样想象真有趣》教学设计，提供了写作支架，让学生在写作的全过程中都有“抓手”。在第一个环节中，教学设计提供了本单元所学课文作为梳理总结故事基本要素的支架。在第二个环节中，通过本单元三个故事的开篇，总结出了写开头的三种方法，为学生写一个有意思的开头提供了支架；还通过提供“会说话”“能做事”“爱幻想”三个方面作为写故事情节发展的支架；同时提供了三类不同情节的写作要求。在第三个环节中，提供了根据不同写作类型修改作文的支架，最后还告诉学生组合写、综合改“会说话”“能做事”“爱幻想”这三种类型来完成从故事到小小说的提升练习。整节习作课有步骤、适时地提供了多个支架，降低了学生的写作难度，同时又提供了可操作性的程序性知识，让学生不仅知道写什么，还能让学生清楚地明白怎么写、怎么写得好。

（四）全程修改，提升习作效率

教材对于本次习作的修改要求是“写完后，用学过的修改符号修改自己的习作”，更多着眼于字、句等语言表达上的修改，并未明确提出对于段、篇等内容上的修改要求。《这样想象真有趣》教学设计细化了修改要求，并将修改的意识贯穿于整个写作过程：在提示开头怎么写后，让学生进行了开头的片段写作与展示，师生对于完成的开头片段进行了点评；在创编情节的写作后，要求学生自读，尝试修改。最后还用了三分之一的课时单列了专门的课上修改环节。在专门的修改实践环节中，共组织了三次修改：第一次是在分享一位同学的片段写作时引导学生关注句子的修改；第二次是根据教师出示的不同写作类型的修改要求，进行分组讨论，然后再进行修改；最后一次提出了“可以在一个故事中写多个情节，或者使用三种类型来写”的修改建议，告诉学生可以通过组合写、综合改尝试提升习作水平。在何老师的这堂课中，不仅将修改贯穿于整个写作过程，还将修改单列为一个重要的课堂教学环节，不再只是让习作的修改停留在课后自主改一改，或者错别字、语句通顺上的小打小闹之上。

四、优化建议

没有完美的课，只有不断走向完美的课。任何一堂课，都会留有遗憾，也都会留有走向完美的空间，这也是课堂教学的魅力所在。《这样想象真有趣》教学设计，已经是一堂扎实而富有成效的课了，但如果从追求完美课堂的角度来看，此处尝试从“鸡蛋里”挑出了以下几个“骨头”：

（一）优化读写结合

《这样想象真有趣》教学设计中多次利用本单元的课文开展以读促写的教学活动，但是有几处并未充分发挥课内素材的教学价值，具体来看：

第一，在明确故事要素的环节中，学生认为“老爷爷和老奶奶是《漏》中的主角”，授课教师默认了这一结论。但是《漏》的主角是否为老爷爷和老奶奶，还有进一步讨论的空间。《漏》是一篇民间故事，文中共有老公公、老婆婆、小胖驴、老虎和贼五个人物。故事通过描写老虎和贼因对“漏”的误解，展开了一段幽默十足、富有教育意义的情节。从课文的篇幅来看，该文的主角应该是老虎和贼，毕竟有关二者的篇幅占了全文的三分之二。从整个故事的发展过程来看，老公公和老婆婆只在故事的开头和末尾出现两次：第一次出现是为了引出“漏”，第二次是为了回应开头屋顶的漏雨。故事的情节发展过程与老公公和老婆婆并没有直接的关联。如果将《漏》的主角确定为老虎和贼的话，那么在“尝试描写主角”的活动中，通过《漏》的开头“从前，有一户人家……”而总结出“第一时间，主角就隆重出场”的结论就不成立了，这也需要教师重新调整开头的方法。

第二，《这样想象真有趣》教学设计通过四篇课文总结出了故事的三个要素：主角、事故、意义。在总结“意义”这一要素时，并未结合课文而是通过提问引导学生得出这一要素。但从课文内容来看，在四篇课文中，《方帽子》一文最能体现“意义”这一要素。课文通过讲述方帽子店因循守旧、不知改变，最终被圆帽子店淘汰的故事，告诉我们要敢于创新、勇于接受新事物的道理。另外，《这样想象真有趣》教学设计中对于“意义”这一要素，关注不够。虽然此教学设计在一开始总结出了故事的三个要素，但在后续教学环节中更多关注“主角”“事故”两个要素，而对于“意义”这一要素有所忽略，只在第一次修改实践时有所涉及，提醒学生可以从“意义”角度评价所展示的片段作文。

第三，在尝试创编情节部分，有以下两个地方还可优化：

首先，情节发展的第三个方面“爱幻想”，稍显生硬。本单元的课文并没有涉及“爱幻想”这一点，对学生而言，这是相对陌生的内容。《这样想象真有趣》教学设计在习作教学中增加了“爱幻想”的内容，并提供了相应的写作要求，但在实际的教学过程中，以学生现有的基础，恐怕难以完成“爱幻想”情节创编的任务。

其次，情节发展的三个方面和不同情节的不同写作要求都是教师通过课件直接出示的，学生很容易把这些内容当作新知识来看，从而增加了写作的难度。实际上，这两个内容也可通过以读促写的形式呈现。比如，通过《慢性子裁缝和急性子顾客》的对话得出“会说话”这一方面，通过《枣核》中枣核学了很多的本领和智斗衙役们的故事得出“能做事”这一方面，而“爱幻想”可以改成“有意义”，并结合《方帽子》这篇课文归纳出来。

（二）补充程序性知识

安德森等人把知识分为事实性知识、概念性知识、程序性知识和反省认知知识四类。其中“概念性知识”是“较为复杂的和有组织的知识形式的知识”，“程序性知识”是“如何做事的知识”①。《这样想象真有趣》教学设计在第二次修改实践中，出示了根据不同写作类型进行修改的要求，如“会说话”，“要注意让主角多说、不乱说，说的话要体现性格特色。配角要配合主角说，让主角能展示特别之处”。在这里，《这样想象真有趣》教学设计是想提供给学生怎么修改的方法性知识，即“程序性知识”。但实际上，这些要求更像是“概念性知识”，学生看了这些要求，还是不知道怎么修改。如果在“会说话”这里提供提示语的不同位置、结合人物的神态动作来写对话、用好标点符号、用好段落层次等操作性较强的“程序性知识”，学生的习作修改方向会更加明晰。

（三）增加拟题环节

本次习作虽然对拟定作文题目并未作要求，但在本单元“语文园地·词句段运用”板块关注了有趣的故事题目。如果能在教学中增加“写一个有趣的作文题目”这一环节，不仅能呼应教材编者的意图，同时也能让习作结构更加完整。具体来看，可以在人物、事故、意义故事三要素的基础上，通过读写结合的形式来拟一个有趣的题目。本单元“语文园地·词句段运用”板块中，已经结合《慢性子裁缝和急性子顾客》一文，提供了一种把双主角及其相反的鲜明特点放到题目中的拟题方式。在这一环节中，还可以尝试以下拟题方式：

从故事情节展开的线索——《漏》
故事意义获取的对象——《方帽子店》
能做事的主角——《枣核》

以上三种拟题方式，都结合了故事的要素。通过补充拟题环节，可以使学生的本次习作训练更加完整。

---

① L. W. 安德森，D. R. 克拉斯沃尔，P. W. 艾雷辛等编．学习、教学和评估的分类学布卢姆目标分类学（修订版）[M]．上海：华东师范大学出版社，2008：26-27.

第二节 宋小飞《故事新编》教学设计评析

宋小飞老师的《故事新编》(以下简称"《故事新编》教学设计")第一课时教学设计发表于2021年第9期的《教学月刊·小学版》。宋老师立足于情节发展的"波折点"进行教学设计，特点鲜明，设计新颖。本小节选取宋老师的教学设计作为案例，进行深入分析与评述。

一、教材分析

《故事新编》是四年级下册第八单元的习作，本单元的主题是"中外经典童话"，学习要素是"感受童话的奇妙，体会人物真善美的形象"和"按自己的想法新编故事"。围绕单元主题和学习要素，本单元编排了《宝葫芦的秘密(节选)》《巨人的花园》《海的女儿》三篇课文。学生在三年级上册第三单元已经学习过童话，学习要素是"感受童话丰富的想象"。本单元要在感受童话丰富的想象的基础上体会童话中的人物形象。本单元"语文园地·交流平台"提示学生在阅读童话时，不仅要感受童话中奇妙的想象，还要感受其中人物的真善美形象。

对于"按自己的想法新编故事"这一学习要素，一方面，教材在课后习题中安排了相关练习，如《宝葫芦的秘密(节选)》一课的习题中要求从奶奶给王葆讲的故事中选一个，根据已有内容创编故事;《巨人的花园》一课的课后小练笔中要求学生发挥想象，把孩子们在巨人的花园里尽情玩耍的情景写下来。另一方面，编排了《故事新编》的习作。以大家耳熟能详的"龟兔赛跑"故事为例，通过设想不同的故事结局，想象新的故事情节来进行故事新编。教材罗列了"乌龟和兔子都赢了""乌龟和兔子都没能赢""兔子赢了""乌龟又赢了"四种结局，接着又以"乌龟又赢了"这个结局为例，围绕客观因素和主观因素，分别从兔子和乌龟的角度提供了想象新故事情节的几种情形，呈现了完整的思维过程，帮助学生了解新编故事的思路。在创编故事时，教材提示可以新编"龟兔赛跑"，也可以新编其他熟悉的故事，编完故事后，可以配上插图，通过墙报跟大家一起分享。在教材的编排中，已经为学生达成"按自己的想法新编故事"这一学习要素提供了充足的学习支架，也揭示了故事新编的具体方法，让学生清楚地知道如何编故事。

二、课堂教学环节介绍

宋老师的这一份教学设计包括了以下六个环节：

（一）速记游戏，激发兴趣

要求学生课前阅读故事资源包，积累故事素材。课上通过“速记故事名”的互动游戏，有效地激发学生的学习兴趣和学习热情。

（二）复盘故事，初识“波折点”

在这一个环节中，宋老师先通过梳理《龟兔赛跑》的故事内容，指导学生认识“故事情节图”；然后再聚焦探讨乌龟获胜的原因，让学生初步认识“波折点”；接着进一步明确“波折点”的设计依据，即“波折点”的设计不仅要考虑故事的结局，还要与人物性格特点相联系。这一环节为学生接下来合理想象“波折点”奠定了基础。

（三）由果探因，想象“波折点”

在这个环节中，宋老师首先明确了习作的任务：围绕“波折点”新编《龟兔赛跑》。接着，请学生大胆预测乌龟和兔子赛跑的结局。在此基础上，选定“乌龟又赢了”这一结局来反推故事情节。在反推情节的过程中，首先围绕“波折点”的猜想进行头脑风暴，想象比赛中会发生哪些有趣的故事情节；接着对照教材的“波折点”示例进行拓展。最后，研读教材中兔子和乌龟再次赛跑的情节，得出可以“站在乌龟或兔子的角度分别为双方设计不利或有利的故事情节”这一结论，并运用这一结论给“龟兔赛跑”的其他结局设计故事情节。

（四）自由选择，设计“波折点”

请学生从四种故事结局中任选一个，围绕“波折点”尝试新编故事情节。再从相同的结局中选两组情节图进行交流分享，并引导学生从新奇有趣、设计合理等方面进行评价。

（五）妙笔生花，畅写“波折点”

围绕“波折点”，参考“突然，意外发生了……”和“这时，情况发生了变化……”两个开头，将故事中的精彩片段写在折页练习单上。写完后，教师邀请 2-3 名同学分享精彩片段，再引导其他同学从片段书写、语言生动、内容清楚等方面进行评价，并请学生给同学提一条最想提的修改建议。最后结合折页学习单明确习作和发表要求，并提示下节课的学习任务。

（六）拓展延伸，开启“新编之旅”

这个环节中总结了“先选定结局，再倒推想象，为任务设置有利或不利的故事情节，还要注意合理性”的故事新编策略，请学生观看三个“多样的《故事新编》”微课视频。

三、教学设计评析

宋老师这节课的设计围绕情节发展的“波折点”依次展开，分别安排了认识“波折点”、想象“波折点”、设计“波折点”、写作“波折点”、修改“波折点”等活动，体现了以下几个特点：

（一）提供习作支架，变“怕”写为“要”写

在教学设计中，宋老师提供了故事资源包、故事情节图、折页学习单、微课视频等习作支架，解决了学生多方面的写作困难。

在课前给学生提供了故事资源包，丰富了学生的故事积累，提供了写作素材和参考，同时又为课上组织学生进行“速记故事名”的游戏做了铺垫。

通过梳理“龟兔赛跑”引出故事情节图，并在故事情节图中让学生明确“波折点”是故事情节发展的关键点。后面的教学环节又多次用到故事情节图，为学生新编故事提供了直观的思路。其中，在设计“波折点”环节中，通过给故事情节图填空的形式，让学生理清了自己的写作思路，明确了新编故事的要点。

宋老师提供的折页学习单，帮助学生由易到难，逐步突破学生的习作难点。在开始时通过填写故事情节图中的空白来设计“波折点”；接着折页学习单上提供了两个习作片段的开头，请学生围绕“波折点”把故事中的精彩片段写下来；最后，老师提出可以自行美化折页学习单，让习作流动起来。学生还可以在折页学习单中的“点赞台”和“留言板”里发表自己对习作的看法。从用词语或短语填空到写精彩片段，从关注自己的习作到评价他人的习作，折页学习单不仅降低了习作的难度，还引导学生关注习作的美化与发表，在学生的习作过程中发挥了很好的作用。

在教学设计的最后，提供了介绍如何使用“故事要素贴”新编故事、介绍完整版《龟兔赛跑》新编故事和介绍各种新编故事的样式三个微课视频。

从教学设计所提供的截图来看，微课视频中呈现的作品都较为精美，不仅图文并茂，而且形式多样，如绘本、手抄报、精美纸张上的纯文字等，更直观地帮助学生了解故事新编的各种样式。通过这种形式，使学生懂得了美化作品和交流分享也可以作为习作的过程之一。

（二）提供细致、全面的习作指导

宋老师在教学设计中对学生整个写作过程做了细致而全面的指导。写作前，提供资源包，引起学生的写作兴趣，并结合“龟兔赛跑”的故事梳理出故事情节图，一步一步地引导学生关注“波折点”、想象“波折点”。在写作过程中，从用短语或词语设计“波折点”出发，降低习作难度，在充分交流“波折点”的基础上，再畅写“波折点”，进行精彩片段的写作与分享交流。在习作完成后，提出了美化、交流分享的要求，并通过观看微课视频了解故事新编的各种样式。整个教学设计从习作前、习作中、习作后进行了细致而全面的指导，由易到难，带领学生轻松将新编故事这个习作任务分而化之，逐一击破，让学生愿意写，易于表达，乐于分享与交流。

（三）在评价中彰显学生的主体地位

《故事新编》教学设计也关注到了习作评价方式的变革。在评价主体上，体现学生的主体性。不论是习作过程中设计“波折点”和畅写“波折点”两个环节，还是习作后以折页学习单的形式在班级流动，宋老师都引导学生对同学的作品进行评价，突出同伴学习的重要性。在评价方式上，不仅有学生口头的评价，还有点赞、留言等书面评价；在评价形式上，不仅有点赞这种简单直接的评价，还有提建议、写留言等关于内容相对复杂的评价。多样的评价方式让学生感受到自己的习作受到了同伴的关注，提升了习作的自我效能感。同时，又能让学生在评价同伴习作和阅读同伴评价的过程中，反思自己习作的长处和不足，激发学生的创作动力。

四、优化建议

从这个教学设计中，可以看到宋老师在追求完美课堂上的努力。但是，这个教学设计在处理教学目标与教学活动关系、关注人物形象、细化活动要求等方面依然存在进一步优化的空间。

（一）明确教学目标与教学活动的关系

在教学设计中，教学目标和教学活动之间是相辅相成的关系。教学目标为教学活动提供了明确的方向和指导，而教学活动则是实现教学目标的具体手段和方式。《故事新编》教学设计共设置了三个教学目标，分别如下：

1. 通过梳理故事情节借助学习单、微课等习作支架，围绕情节发展的“波折点”新编故事，培养创新思维。

2. 了解故事新编的常用策略，学会根据故事结局合理新编情节的方法，并能把精彩片段清楚地写下来。

3. 在新编故事的过程中，进一步感悟故事带来的启示。

以上设置的三个教学目标，符合本单元教材、教学的要求，是恰当的。教学活动应该以教学目标为导向，始终围绕实现教学目标而进行。

《故事新编》教学设计中的前四个环节是为了达成教学目标 1 和教学目标 2 的“了解故事新编的常用策略，学会根据故事结局合理新编情节的方法”。第五个环节妙笔生花，畅写“波折点”是为了达成教学目标 2 的“把精彩片段清楚地写下来”。而第六个环节拓展的三个微课视频都是指向作品美化与交流分享，并未体现在教学目标之中。

通过以上分析可以看出，一方面，教学目标 3 在具体教学过程中并无教学活动支撑；另一方面，第六个环节中三个“多样的《故事新编》”微课视频本意是为了让学生明确美化作品、交流分享也是习作的内容之一，与三个教学目标并无直接明确的关联。如果要在此基础上修改本次教学目标，可以考虑把教学目标 3 替换成关于美化作品和交流分享的内容。这样整个教学活动的设计，便会紧紧围绕教学目标而展开，从而有效达成这节课的教学目标，使习作教学更加有效。

（二）多关注人物形象

本单元的学习要素之一是“感受童话的奇妙，体会人物真善美的形象”，围绕这一要素，教材编排了《宝葫芦的秘密（节选）》《巨人的花园》《海的女儿》三篇课文，课文中都有鲜明的人物形象。《宝葫芦的秘密（节选）》通过王葆多次缠着奶奶讲述关于宝葫芦的故事，一方面塑造了淘气顽皮、好奇天真的儿童形象，另一方面也刻画了宝葫芦神奇的形象。《巨人的花园》一文通过细腻的笔触和生动的情节，塑造了一个性格鲜明的巨人形象。《海的女儿》为学生呈现了一个美丽、好奇、天真、沉默和富于深思、渴望海面世界的美人鱼形象。从本单元的三篇童话中，都可以感受到其塑造出的鲜活的人物形象。学生通过学习这三篇课文，能够深刻体会到人物形象是童话的重要要素之一。

那么，在习作《故事新编》中，毫无疑问也会出现人物形象，比如《龟兔赛跑》中的兔子、乌龟。故事选定的结局不同，故事情节也会不同，那么在新编故事情节中塑造出来的人物形象必然也不同。《龟兔赛跑》的常规结局，即乌龟赢了。透过这一结局，可以感受到一只骄傲自满的兔子和一只坚忍不拔、默默努力的乌龟这样两个人物形象。在“乌龟又赢了”这一结局中，如果是因为兔子路遇不测而输了比赛，那故事中塑造出的便是一只倒霉兔子的形象；如果是因兔子途中遭遇诱惑且未能成功抵御，导致输了比赛，那故事中塑造出的便是一只缺乏自律的兔子形象。从乌龟的角度来看，如果是因为赛道变化而获得胜利，那故事中塑造出的便是一只能够充分利用自己优势的乌龟形象；如果乌龟是因为借助工具而赢得了比赛，那故事中塑造出的便是一只善用工具的乌龟形象。

选定一个故事结局，由于故事情节不同，必然会塑造出不同的人物形象。既然人物形象作为本单元重要的语文要素之一，便可以考虑把它作为习作教学中的重要内容。这样，不仅能够体现本单元的编排意图，也能让本单元的教学更加整体化和结构化。通过阅读课文输入关于人物形象的内容，而通过习作表达输出关于人物形象的内容，更能让人物形象这一语文要素落到实处。

（三）细化活动要求

在《故事新编》教学设计中，有三处活动的要求可以更进一步细化，具体来看：

第一，进一步细化“波折点”设计。《故事新编》教学设计在选定“乌龟又赢了”这一结局后，带领学生展开头脑风暴，又通过探究教材提示的情节，发现了这些情节的秘密：与兔子有关的都是对它不利的，与乌龟有关的都是对它有利的。在此基础上，还可以进一步细化有关“波折点”的设计。

一方面，可以在教学活动的基础上，进一步总结、明确结局与情节之间的关系。比如，结局是“乌龟又赢了”，那么情节有利的都是围绕乌龟展开的，不利的都是围绕兔子展开的。同样的，如果结局是“兔子赢了”，那么有利的情节都是围绕兔子展开的，不利的则是围绕乌龟展开的。情节的有利与不利跟故事的结局息息相关。另一方面，还可以从主观和客观两个方面来设计有利和不利的情节。比如，路遇不测是兔子客观上遇到的困难，而急中出错和遇到诱惑则是因为兔子个人粗心或不够自律等主观原因输了比赛。赛道变化是有利于乌龟赢得比赛的客观原因，而善于借助工具则是乌龟自身聪明这一主观原因。这样，从主观和客观两个角度、有利和不利两个方面综合起来设计“波折点”，角度越细致，学生在想象时的抓手就越具体，设计“波折点”时就越便捷。

第二，关于《故事新编》教学设计中的两次评价。在《故事新编》教学设计中，设计“波折点”后教师引导学生从“波折点”是否新奇有趣、设计是否合理等方面进行评价；畅写“波折点”片段后，教师又引导学生从片段书写、语言生动、内容清楚等方面进行评价。这两处评价要求相对笼统，只提出了评价的几个维度，缺乏具体的评价细则。就四年级学生的积累来看，他们很难判断什么样的“波折点”是新奇有趣的，什么样的设计是合理的，什么样的片段书写是恰当的，什么样的语言是生动的，什么样的内容是清楚的。如果教师能在评价前提供评价的具体细则，或在评价时师生交流明确新奇有趣的标准、合理的标准等会使评价更加有效。

第三，细化观看微课视频的要求。《故事新编》教学设计的最后一个环节提供了三个“多样的《故事新编》”微课视频，分别介绍如何使用“故事要素贴”新编故事、完整版《龟兔赛跑》新编故事、各种新编故事的样式。教师在设计这一活动时，并未提出具体的要求或期待。这会让学生仅停留在看视频时图片、文字、声音等带来的感官刺激上，而不是思考微课内容对于新编故事的启发或借鉴。就微课的内容来看，第一个微课视频指向新编故事的方法，可以使用“故事要素贴”帮助学生选择其中的某些要素来新编故事；第二个微课视频呈现了完整版的《龟兔赛跑故事》，可以为下一节课修改片段和添补头尾提供范例；第三个微课视频介绍了各种新编故事的样式，其指向的是美化作品。而在设计意图中，教师表明是想通过观看微课视频“使学生懂得美化作品和交流分享是习作的内容之一”。这样看来，只有第三个微课视频的内容符合设计意图。

所以，在设计教学活动时，不仅要关注形式上的多样，更要关注内容上是否跟本节课的目标紧密相连。第一个微课视频与这一课时的内容和目标更匹配，但在要求学生观看第一个微课视频前，应该有具体的要求或提示。比如，可以提醒学生借鉴微课视频中提供的“故事要素贴”来新编故事。第二个微课视频可以放在第二课时添头补尾环节后再呈现，通过视频让学生知道好的开头和结尾是什么样子的，同时衔接下一个环节，即习作写完后的美化、交流和分享。第三个微课视频应放在第二课时的最后，用于拓展学生美化习作的方式，激发他们创作的欲望。

第四章

小学语文想象类习作教学设计

本章在总结想象类习作教学现状的基础上，综合考量统编小学语文教材中想象类习作的编排特点，结合第二章想象类习作教学策略，对统编小学语文教材中第二、三学段的12次想象类习作进行了教学设计。针对每个习作题目，在分析教材的基础上，各完成了两份教学设计。

第一节 《我来编童话》教学设计

【教材分析】

《我来编童话》是统编版小学语文教材三年级上册第三单元的习作。本单元的单元导语“乘着想象的翅膀，游历奇妙的童话王国，看花儿跳舞，听星星歌唱”明确了本单元的主题，而“感受童话丰富的想象”则点明了本单元阅读方面的语文要素。基于这一语文要素，选文部分编排了《卖火柴的小女孩》《那一定会很好》《在牛肚子里旅行》《一块奶酪》四篇中外童话。其中，《卖火柴的小女孩》讲述了小女孩在寒冷的冬夜中卖火柴，在火柴的光亮中幻想到了温暖、食物和亲人的故事；《那一定会很好》讲述了一粒种子，长成一棵大树，变成手推车、椅子，最后变成木地板的生命历程；《在牛肚子里旅行》讲述了小蟋蟀在牛肚子里的惊险旅行；《一块奶酪》讲述了蚂蚁队长在搬运奶酪过程中以身作则、严守纪律，最终让最小的蚂蚁吃掉了掉落的奶酪渣的故事。这些童话讲述了动物、植物等童话人物的奇妙经历，充满了丰富而奇特的想象，引人入胜，又发人深思。语文园地中的“交流平台”引导学生交流了对童话的初步认识；“快乐读书吧”以“在那奇妙的王国里”为主题，推荐阅读《安徒生童话》《稻草人》《格林童话》等经典童话，拓展了学生关于童话的阅读面，进一步激发了学生阅读童话的兴趣。

“试着自己编童话，写童话”提示了本单元习作方面的语文要素。习作“我来编童话”与本单元的课文紧密联系，要求学生发挥想象编童话，写童话。第一部分明确了编童话的习作任务，并提供了分别表示角色、时间、地点的三组词语。其中，表示角色的词语有“国王、啄木鸟、玫瑰花”，包括人、动物、植物，展现了童话故事中的主人公都具备人一样的行动和思考能力；“黄昏、冬天、星期天”三个表示时间的词语提示了童话故事发生的时间的多样性；“厨房、森林超市、小河边”三个表示地点的词语提示了故事发生地点的多样性。这九个词语为学生编童话提供了多角度的丰富素材，便于学生展开想象，产生编童话的兴趣。第二部分结合第一部分给出的三组词语，以三个问题的形式提出了习作的要求，帮助学生打开思路，展开丰富的想象。第三部分提出了句子是否通顺的修改要求，是对语文园地中“运用修改符号修改习作”要求的落实。同时，要求给故事加一个题目，且明确了题目的格式，为学生的习作规范奠定了基础。

《我来编童话》教学设计一

【教学目标】

1. 能结合角色、时间、地点等要素展开合理想象，编写童话故事。

2. 能结合角色、时间、地点等要素进行评价，并能在此基础上运用改正、增补、删除的修改符号自主修改习作。

【教学课时】 2 课时

【教学过程】

环节一：回顾导入，激发兴趣

导入语：童话，始终伴随着我们的成长。本单元的四篇童话将我们带入了奇妙的童话王国。请大家说说你最喜欢的童话故事。

结合学生的分享，教师板书童话中的人物、时间、地点。

（设计意图：通过回顾和讨论交流听过、读过的童话故事，让学生进一步感受童话的神奇和美妙，并为明确编童话的三要素奠定基础。）

环节二：明确要求，构思结构

1. 出示教材上的三组词语，并请学生说说三组词语的特点。

明确：

（1）角色

第一列都是表示角色的词语。故事里的角色可以是人，也可以是动物、植物（赋予人的一些特征，有人的喜怒哀乐，可以像人一样地思考）。根据所提供的词语选取角色，也可以适当添加自己喜欢的角色。

结合同学的交流，选择自己故事的角色在学习单上按照示例填空。

示例：

这是一（个）善良　的国王。

这是一（朵）多愁善感的玫瑰花。

这是一（　）________的________。

这是一（　）________的________。

（2）时间

第二列都是表示时间的词语，这些时间可以是一天中的某一个时间点，也可以是某一天，某一个季节。请大家在选定角色的基础上，交流这个故事为什么发生在这个时间？

交流后，选择故事的时间在学习单上按照示例填空。

示例：

故事发生在黄昏，因为在黄昏的时候，（国王）喜欢散步，（玫瑰花）容易多愁善感。

故事发生在________，因为在________的时候，（　　）________，（　　）________。

（3）地点

第三列都是表示地点的词语。童话故事发生的地点可以是家里，也可以是公共场所，还可以是大自然。请学生在选定角色、时间的基础上，交流这个故事为什么发生在这个地点？

交流后，将选择的地点根据学习单上的示例进行填空。

示例：

故事发生在河边，因为河边，是（国王）经常散步的地方，是（玫瑰花）生长的地方。

故事发生在__________，因为________，是（　　）________，是（　　）________。

（4）选定好故事的角色、时间和地点后，想象一下他们在那里做什么？并进行交流。

交流后，在学习单上按照示例填空。

示例：

（国王）因为无聊在（河边）散步，（玫瑰花）因为孤单在（河边）哭泣。

（　　）因为________在（　　）________，（　　）因为________在（　　）________。

（5）选定好故事的角色、时间和地点后，想象一下他们之间发生了什么故事，并进行交流。交流后结合示例在学习单上填空。

示例：

（国王）帮助了（玫瑰花），把她移到了自己的王宫里。

（　　）________（　　），__________________________。

2. 结合学习单上填写的内容，参照习作清单中的内容部分，跟同桌说说你的童话故事。

（设计意图：通过角色、时间、地点、做什么、发生了什么五个方面对学生进行细致指导，为学生编出结构完整的童话提供保障。）

环节三：编写故事，拟定题目

1. 参照学习单上的习作清单，将你编写的童话故事写在学习单上。

2. 读读你写的故事，并结合以下提示，尝试给它加个题目。

可以从以下方面考虑自己的习作题目：

（1）角色的名字命名；

（2）以角色的特点命名；

（3）以地点命名；

（4）以时间命名。

（5）选择角色、时间、地点、事情中的某几个命名。

3. 请将自己的习作题目写在第一行的中间位置。

（设计意图：将说出的童话故事变成写出的童话故事，并尝试让学生自己给习作命名。）

环节四：学习修改符号，尝试修改习作

1. 出示并学习语文园地“词句段运用”的第三题。

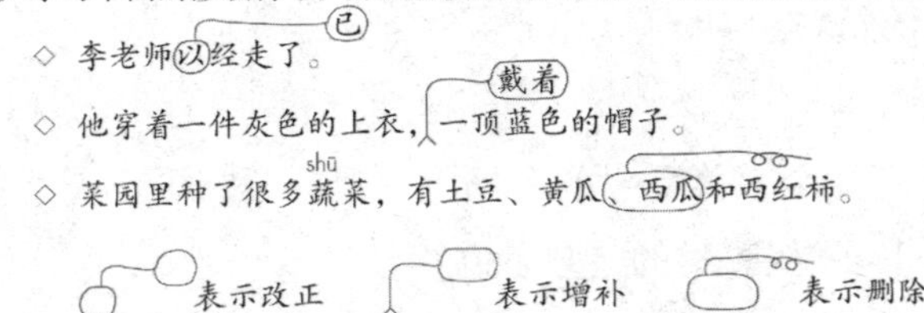

2. 出示习作片段，教师示范使用三种修改符号进行修改。

3. 请学生自读自己的习作，尝试运用三种修改符号修改自己的习作。

（设计意图：让学生掌握改正、增补、删除三种修改符号的形式，并能结合自己的习作运用修改符号进行修改，初步形成修改意识。）

环节五：分享交流习作成果

请学生小组内互相交流自己编写的童话故事，说说自己喜欢谁编写的童话，为什么喜欢？并将呼声最高的习作粘贴到班级壁报区的“童话故事会”。

（设计意图：通过分享，让学生收获成功的喜悦，增加编写童话的兴趣。）

【板书设计】

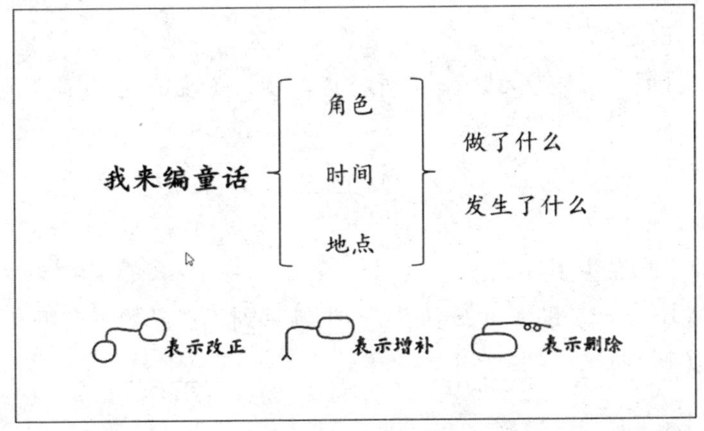

附：

《我来编童话》学习单

一、结合示例填空

1. 角色

示例：这是一（个）善良　的　国王　。

这是一（朵）多愁善感 的　玫瑰花　。

这是一（　）______的________。

这是一（　）______的________。

2. 时间

示例：故事发生在黄昏，因为在黄昏的时候，（国王）喜欢散步，（玫瑰花）容易多愁善感。

故事发生在______，因为在______的时候，（　　）________，（　　）________。

3. 地点

示例：故事发生在河边，因为河边，是（国王）经常散步的地方，是（玫瑰花）生长的地方。

故事发生在______，因为________，是（　　）________，是（　　）______。

4. 他们在做什么？

示例：（国王）因为无聊在（河边）散步，（玫瑰花）因为孤单在（河边）哭泣。

（　　）因为______在（　　）______，（　　）因为____ 在（　　）______。

5. 他们之间发生了什么？

示例：（国王）帮助了（玫瑰花），把她移到了自己的王宫里。

（　）________（　　），____________________________。

二、《我来编童话》习作清单

·内容

□角色是谁？角色有什么特点？

□时间是什么时候？为什么是在这个时间点？

□地点是哪里？为什么会是这个地点？

□谁和谁在这个时间和地点做了什么？发生了怎么的故事？

□怎么发生的事情？为什么发生了这样的事情？

·形式

□你的习作写题目了吗？

□题目是在第一行的居中位置吗？

□你习作中的句子通顺吗？

□你运用改正、增补、删除的修改符号对自己的作文进行修改了吗？

三、我的习作

____

____

____

____

____

《我来编童话》教学设计二

【教学目标】

1. 能从角色、时间、地点等方面进行合理想象，编写童话故事。

2. 能对自己的习作进行初步修改。

【教学课时】 2 课时

【教学过程】

一、图片导入

出示学生熟悉的童话人物图片（丑小鸭、灰姑娘、小红帽），请大家结合图片说说这些童话故事。这些美妙的童话真有意思，让我们今天也来编一个自己的童话故事吧。

（设计意图：通过出示学生熟悉的童话人物图片，激发学生的学习兴趣，将学生带入课堂情境当中。）

二、习作前指导

（一）回顾旧知

我们这个单元学习的童话故事都讲了些什么呢？

预设：

《卖火柴的小女孩》：小女孩在大年夜的街头五次擦燃火柴看到的场景。

《那一定会很好》：运用拟人化的手法，把树当作人来写，按照种子到树的成长和变化的顺序，讲述了种子在不同的地点，变成不同工具的过程。

《在牛肚子里旅行》：讲述了在一个秋天的草堆附近，青头蟋蟀利用牛的反刍现象，帮助被牛吃掉的红头蟋蟀从牛肚子里逃脱出来的故事。

《一块奶酪》：主要讲述了在搬运粮食的季节里，蚂蚁队长集合小蚂蚁在蚁巢附近搬运奶酪时，不小心拽掉了奶酪的一角，最终蚂蚁队长战胜自己想偷嘴的心理，命令年龄最小的蚂蚁吃掉奶酪渣的故事。

归纳总结：

1. 时间、地点、角色；

2. 拟人化的写法。

（设计意图：回顾学过的课文，让学生巩固旧知识的同时进行总结归纳，为编童话故事奠定了必要的基础。）

（二）了解基本要素

1. 出示教材图片，观察图中的词语，并找出规律。

明确：第一列词语属于人物，第二列词语属于时间，第三列词语属于地点。

2. 提问：你觉得你的故事里除了教材中的这些人物、时间和地点，还可以有哪些人物、什么时间、什么地点呢？

（设计意图：通过情境引导，结合课本内容让学生了解童话基本要素，同时展开想象对时间、地点、人物进行拓展延伸，为习作做铺垫。）

三、习作中指导

（一）初步编写（口头）

1. 请学生选择自己喜欢的词语进行组合，展开想象，说说你想编一个什么样的故事。（学生讨论交流）

2. 请结合以下童话编写要素和问题表，小组内互相交流修改自己的故事。

童话编写要素及问题表

要　素：啄木鸟，玫瑰花，傍晚，小河边

问题表：**啄木鸟**有什么样的特点？

玫瑰花有什么样的特点？

这个故事为什么发生在**傍晚**？

为什么在**小河边**发生？

啄木鸟和玫瑰花在小河边干什么？

他们之间发生了什么故事？

3. 请两名学生分享自己编的童话，师生交流调整。

（设计意图：先放手让学生发挥自己的主观能动性，自由编童话；再结合童话编写要素和问题表，为学生修改和完善自己的童话提供支架，同时为下一环节动笔写童话奠定基础。）

（二）编写童话（书面）

请学生结合上一环节的童话编写要素及问题表，将口述故事转换成书面故事。

（设计意图：学生结合问题表与自我评价表，只需将上一环节的“心里话”和“嘴里话”加工变为“纸上话”，并能在写作结束后再次根据评价表对作品的合理性和完整性进行反思。）

四、习作后指导（习作分享会）

通过教师阅览或者学生自荐分享学生的习作，让学生自读习作内容，然

后由全班同学担任评委进行评价，提出修改意见，最后由教师总结。

预设：

我会给他的习作评（ ）颗星，因为他……不过，我建议……

他的文章中出现了错别字，例如……

我会给他的习作评（ ）颗星，他的故事写得很有趣，还写出了……，我给他提个小建议：……

（设计意图：通过互动赏评修改习作，发挥学生的主观能动性，使学生掌握修改习作的方法养成修改习作的良好习惯。）

【板书设计】

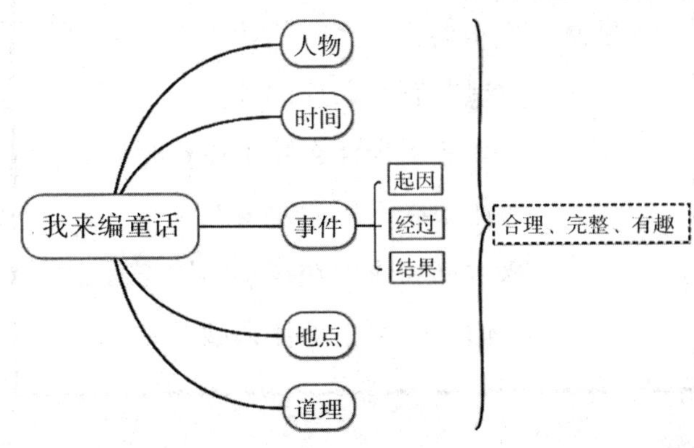

第二节 《续写故事》教学设计

【教材分析】

《续写故事》是统编版小学语文教材三年级上册第四单元的习作。单元导语中的“猜测与推想，使我们的阅读之旅充满了乐趣”，明确了本单元学习“猜测与推想”这一阅读策略的要求；“一边读一边预测，顺着故事情节去猜想”和“学习预测的一些基本方法”，提示了本单元有关阅读方面的语文要素，再一次明确“预测”这一阅读策略是本单元学习的重点。

围绕单元主题和“预测”这一阅读策略，选文部分编排了《总也倒不了的老屋》《胡萝卜先生的长胡子》《小狗学叫》三篇课文。其中，《总也倒不了的老屋》讲述了老屋与小猫、老母鸡和小蜘蛛之间的故事，教材结合旁批对“预测”这一策略进行展示和指导；《胡萝卜先生的长胡子》讲述了胡萝卜先生漏刮的一根胡子的有趣经历，《小狗学叫》讲述了一条不会叫的小狗的奇特经历，这两篇课文引导学生分别从情节、结局两个方面运用“预测”这一策略。课文的课后习题和语文园地中的“交流平台”引导学生对“预测”这一策略进行交流、运用。

“尝试续编故事”是单元导语中有关习作的语文要素。本单元的习作是看图发挥想象，续写故事。教材首先提示了本次习作任务：“下面的图讲了什么事情？接下来可能会发生什么？请你把故事写完。”接着通过 3 幅插图和泡泡提示的形式，讲述了故事的前半部分。第一幅图是大家一起讨论自己是怎么过生日的，第二幅图是李晓明一个人心情低落地自言自语，第三幅图是两个同学商量怎么给李晓明过生日，接着是一个大大的“?”，提示学生思考接下来会发生什么。最后要求学生写好读一读，并运用学过的修改符号改一改。同时，还提出了“更喜欢谁写的故事”的习作交流和评价要求。

此次习作在指导学生依据插图与泡泡提示所提供的线索，融合个人生活经验的基础上，对故事情节的展开进行合理的、多元化的预测与构想，进而完成故事的续写工作，进一步巩固了本单元的“预测”策略的学习和运用。

《续写故事》教学设计一

【教学目标】

1. 能根据教材中的图片和提示合理推测故事的发展，并能结合推测出来的内容把故事写完整。

2. 能正确运用改正、增补、删除三种修改符号修改自己的习作。

【教学课时】 2 课时

【教学过程】

环节一：图片导入，激发兴趣

结合 PPT 中关于过生日的图片，请学生谈谈自己印象最深刻的一次生日。

（设计意图：图片加谈话导入，激发学生对过生日这一话题的兴趣，唤起学生过生日的经验，为推测怎么给李晓明过生日做铺垫。）

环节二：观察图片

1. 请学生仔细观察教材中的图片，同桌间说一说观察到的内容。

2. 师生交流观察到的信息。

（设计意图：引导学生仔细观察图片，感受内容，明白要求，有方向性的去思考。）

环节三：想象交流，续编故事

1. 请结合自己过生日的经历，想一想两个同学接下来要聊什么？

教师提问引导：

（1）谈论的主题是什么？

（2）他们为什么要谈起李晓明的爸爸妈妈在外地工作？

（3）他们打算在哪里帮助李晓明过生日？

（4）有哪些人会一起帮李晓明过生日？

（5）他们打算怎么帮李晓明过生日？

（6）李晓明的爸爸妈妈在外地，他们会用什么方式给李晓明过生日？

（7）李晓明对于这个生日的感受是怎样的呢？

预设：

（1）他们在谈论帮助李晓明怎么过生日。

（2）他的父母在外地，没办法回来帮李晓明过生日。

（3）我们在学校帮李晓明过生日。

（4）我们可以组织班上的所有同学，给李晓明过一个特别的生日。

（5）我们都装作不知道他的生日，悄悄布置教室，一起给他一个惊喜。

（6）他们可能会给李晓明寄来生日礼物，也可能会打视频来祝贺李晓明生日快乐。

（7）李晓明可能会很惊喜，也会很感动。

2. 演一演以上想象的场景，并根据师生的意见对推测的内容进行调整。

（设计意图：师生、生生互相交流，引导学生结合自己的生活经验多角度思考，易于学生充分发挥想象力。）

环节四：明确要求，完成续编

请学生按照以下要求，完成习作。

1. 写清楚插图的内容。

2. 根据刚刚自己所想所讲所演的，写出故事的发展和结局。

3. 尝试关注李晓明表情、神态的变化。

（设计意图：及时引导学生将所说、所想、所演转换成书面语言表达。）

环节五：师生共评，修改习作

1. 回忆所学的改正、增补、删除修改符号。

2. 出示一篇习作，师生按照以下要求共同分析，指导学生运用修改符号进行修改。

要求：

（1）语词运用和书写是否正确？语句是否通顺？

（2）故事是否完整？

（3）是否写清楚了插图的内容？

（4）故事的结局是否合理？

（5）是否关注到了李晓明的心情变化？

3. 再次读自己的故事，参考以下习作评价表，尝试用修改符号修改明显错误地方，并为自己的习作打☆。

习作评价表①

评价内容评价星级	（对照习作选择相应的一格涂星）		
把故事写完整	根据故事开头写出结局	根据故事开头写出故事发展和结局	根据故事开头写出故事发展的细节和结局
	☆	☆☆	☆☆☆
根据插图和提示预测故事	续写中有关于“李晓明”的内容	续写中有关于“李晓明和其他同学”的内容	续写中有关于“李晓明和其他同学”的内容，能根据李晓明的想法预测故事发展
	☆	☆☆	☆☆☆

① 邸彦．单元视域下“续写故事”的习作指导策略［J］．上海课程教学研究，2024（05）：54-61.

续表

评价内容评价星级	（对照习作选择相应的一格涂星）		
使用修改符号修改作文	能用修改符号修改作文，但还有病句，有错别字	能用修改符号修改作文，还有几个错别字（3 个以内），有个别病句（不多于 2 句）	能用修改符号修改作文，没有错别字，没有病句
	☆	☆☆	☆☆☆
我的晋级之路：我修改了（ ）次 ___颗星☆→___颗星☆→___颗星☆			

（设计意图：让学生将口头语言转为文字表达，锻炼学生语言组织能力。师生一起复习修改符号，学生尝试用修改符号自己修改，强化学生的修改意识。）

环节六：交流分享

请学生课后互相交流自己所写的故事，比一比谁得的☆更多。同时说说你最喜欢谁的结局？为什么？

【板书设计】

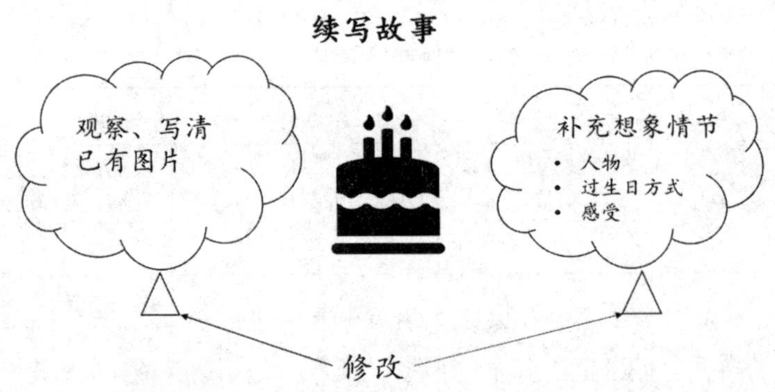

《续写故事》教学设计二

【教学目标】

1. 能仔细观察图片，合理推测故事情节的发展与结局，并能将故事写清楚。

2. 能正确运用修改符号修改自己的习作。

【教学课时】2 课时

【教学过程】

一、游戏导入

请学生参与“故事接龙”游戏。

师：“故事接龙”大家玩得很开心，编出来的故事也基本合理。在本单元的课文中，我们也感受到猜测和推想让阅读之旅充满了乐趣：《总也倒不了的老屋》教给我们根据题目、插图、文章内容、生活经验预测故事的发展和结局，《胡萝卜先生的长胡子》和《小狗学叫》教给我们从不同的角度预测故事的发展。今天这节习作课，我们还要通过猜测和推想来续写一个故事！

（设计意图：通过游戏导入，激起学生兴趣；回顾课文所学的关于“猜测和推想”知识，为习作做铺垫。）

二、习作前指导

（一）明确习作要求

请学生结合教材，明确本次习作要求。

明确：

（1）观察图片，猜想接下来会发生什么，把故事续写完整。

（2）写好以后小声读一遍，用学过的修改符号把有明显错误的地方改过来。

（3）和同学互相交流习作之后，说说更喜欢谁写的故事。

（设计意图：引导学生明确习作要求，指明本次习作的方向。）

（二）理解图意

1. 说图意

（1）回顾“看图写话”的方法或者步骤。

明确：

①要按顺序观察图片；

②确定每张图片中的人物、事件；

③可根据他们的对话、动作和表情猜测他们的想法；

④理清思路，把事情写出来。

（2）结合以上步骤，仔细观察教材中的图片，用“谁（哪些人）在做什么”的句式，把三幅图片的内容说清楚，说完整。

（设计意图：回顾看图写话的方法和步骤，帮助学生在看图写话的基础上续写故事，同时引导学生对图片内容进行理解并口述，培养学生的思维能力和语言表达能力。）

2. 写预测

（1）请学生说说自己怎么过生日的。

（2）图片上同学们决定帮李晓明过生日，那么，大家会在哪里？用什么方式为李晓明过生日呢？请大家根据三幅图预测一下第四幅图会是什么样的？并在小组内互相交流分享。

（3）学生交流，教师请两名同学进行分享，并强调“预测要合理”。

（4）大家预测了很多种帮李晓明过生日的方式，那怎么把预测的内容写清楚呢？

出示预测片段示例。

师生交流，明确在写的时候要关注过生日的顺序和李晓明的心情。

（设计意图：教师创设情境，让学生回忆自己过生日的经历，为预测李晓明的生日会积累素材，也让学生体会预测的多样性，并知晓“预测讲究合理”。另外，通过片段示例让学生关注事件的发展顺序和李晓明的心情变化，学习如何把一件事写清楚。）

三、习作中指导

请学生结合以下要求完成自己的故事。

要求：

1. 写清楚前三幅图发生了什么事情。

2. 可以分段写，一幅图一个自然段。

3. 预测的部分，要注意写清楚过生日的顺序和李晓明心情的变化。

4. 记得给自己的故事想一个题目，并写在第一行的中间位置。

（设计意图：通过要求，引导学生将自己的习作写完整、写清楚、有条理。）

四、习作后指导

（一）习作分享会

首先，在小组内进行分享，完成自我评价和小组互评，由小组推荐和自荐产生佳作；其次，在全班进行分享，全班同学点评；最后完成教师评价。

（二）布置作业

请学生在下课之后根据老师、小组同学的评价，用学过的修改符号修改自己的习作，然后将自己的习作大声读给爸爸妈妈听。

（设计意图：培养学生运用修改符号修改习作的习惯，同时通过读给父母听，让学生有意识地分享自己的习作。）

【板书设计】

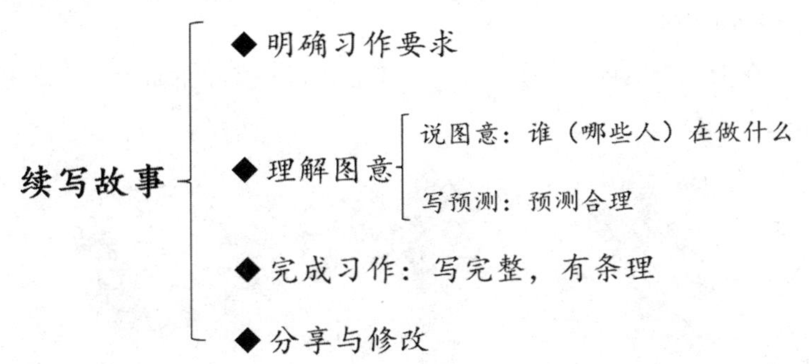

第三节 《奇妙的想象》教学设计

【教材分析】

详见第二章第二节的聚焦教材中的想象类习作编排部分。

《奇妙的想象》教学设计一

【教学目标】

1. 在“寻想象水晶”学习主题中积累本单元生字、词语。

2. 能把握本单元课文主要内容，感受作者大胆和神奇的想象。

3. 能运用本单元课文中的想象方法，发挥想象写自己的想象故事。

【教学课时】6 课时

【教学过程】

课前预习：

结合教材“初试身手”，请学生创作自己的手指画，并在小组内进行分享。

初试身手

○ 在纸上按出自己的手指印，再把它画成想象中的事物，看谁想得新奇。

（设计意图：让学生在手指画的创作中，体会想象的奇妙，激发想象的兴趣。）

任务一：寻想象红水晶

【教学目标】

1. 会读《我变成了一棵树》中的“痒、鳄、醋、尿、馋”5个生字，会写“状、狐、狸、腰、零、巧、克、肠、继、续、抬、烦”这12生字。

2. 能准确、流畅地朗读《我变成了一棵树》和《一支铅笔的梦想》，感受作者神奇的想象。

3. 会运用学到的想象方法，展开想象，编写关于“瞌睡虫”的接龙故事。

【教学课时】2课时

一、创设情境，激想象之趣

同学们，在本单元的学习中，我们将一起勇登想象岛，去感受想象世界的奇妙多彩！想象岛上的居民告诉老师，必须拿到两颗水晶，才能乘坐想象船登上想象岛！他们给我们留下了两条线索，都藏在教材66页的接龙续写故事中。

要想获得第一颗水晶，秘密就藏在《我变成了一棵树》《一支铅笔的梦想》两篇文章里，让我们一起开始寻找第一颗水晶吧！

（设计意图：通过寻水晶乘想象船登想象岛的情景设定，激发学生对积攒想象水晶的兴趣；同时，整合《我变成了一棵树》《一支铅笔的梦想》两篇文章，集中学习变成另一种事物进行想象和抓住事物的特点进行想象的方法。）

二、回归课文，探解密之法

（一）出示有关“瞌睡虫”的开头，引导学生观察“瞌睡虫”的特点。

（二）学习《我变成了一棵树》

1. 教师引导学生积累课后生字词。

2. 准确、有感情地朗读课文，并概括课文的主要内容。

明确：

（1）本文主要讲了自己变为一棵树之后所遇到的各种奇妙经历。

（2）“我”变成了树，遇到了很多有趣的事情，当我饿的时候，妈妈发现了我的秘密。

3. 引导学生感受本文想象的神奇。

“我”变成了一棵“树”——变成树的“我”上长满了鸟窝——我和许多动物一起聊天——“我”肚子饿了，妈妈发现了变成树的“我”。

本文把自己比成了树，还想象了变成树之后所遇到的各种奇妙经历，运用语言描写将动物与“我”的故事写得更精彩了。

获得半颗水晶：想象可以让自己拥有“七十二般变化”。

（三）学习《一支铅笔的梦想》

请学生有感情地朗读课文，并回答以下问题：

1. 铅笔有几个梦想？分别是什么？

2. 你觉得他是什么性格的铅笔？

3. 你觉得铅笔的梦想合理吗，为什么？

4. 请讨论并回答“如果你是一支铅笔，你又会有什么梦想呢？”

获得另外半颗红水晶：展开想象时要注意联系事物的特点。

（设计意图：通过两篇课文的学习，分别获得“想象可以让自己拥有‘七十二般变化’”和“展开想象时要注意联系事物的特点”两个半颗红水晶，体会到了想象的奇妙和合理。）

三、明确方法，解锁水晶

通过两篇课文，我们获得“想象可以让自己拥有‘七十二般变化’”和“展开想象时要注意联系事物的特点”两个半颗红水晶，下面请大家合成两个半颗红水晶，发挥自己的想象，尝试解锁第一颗水晶。

1. 出示并请学生朗读教材中“瞌睡虫”故事的开头。

2. 请学生将自己变成瞌睡虫，大胆想象瞌睡虫会去哪里找朋友？会有哪些朋友？他们会说些什么、做些什么？结合以下模板进行交流。

交流模板：如果我是一只瞌睡虫，我会去______（哪里）找____谁（谁），我的朋友正在________（干什么），我和他们说____，朋友说____，最后____（结果怎么样）。

3. 请在小组内说说你的故事是不是围绕瞌睡虫的特点展开。

（设计意图：引导学生结合支架将习得的想象方法运用于实践，培养学生自主学习的能力，并从中体会想象的神奇。）

恭喜大家成功解锁第一颗红水晶！

任务二：寻想象蓝水晶

【教学目标】

1. 会写《宇宙的另一边》“宇、宙、淌、秘、密、栋、梯、铃、乘、绪、篇、越”12生字。

2. 能准确、流畅地朗读《宇宙的另一边》和《尾巴他有一只猫》，感受作者反向神奇的想象；

3. 会运用学到的想象方法，展开想象，编写关于“颠倒村”的接龙故事。

【教学课时】2课时

一、情境导入，明确任务

上次课，我们成功获得了第一颗红水晶。这次课我们一起为了得到第二颗蓝水晶共同努力。

出示教材中关于“颠倒村”的开头，请学生说说他们发现的线索。

师：这条线索当中的想象有点奇怪，颠倒村里的树根和树叶竟然跟我们平时看到的不一样，是反着长的，如果想揭秘颠倒村里还有什么不一样的，我们得获得蓝水晶才能知道。现在让我们一起走进课文，去看看想象岛上的居民给我们留下的提示吧。

（设计意图：利用创设的情境自然过渡到第二个任务的学习，同时也提示学生可以将上节课的学习形式迁移到本节课，培养学生的自主学习能力。）

二、回归课本，探解密之法

（一）学习《宇宙的另一边》

1. 学生预习后尝试完成相关字词的练习。

（设计意图：在检查预习的基础上，完成生字词的学习，为准确、流畅读课文奠定基础。)

2. 借助表格，发现想象规律。

(1) 运用表格圈秘密：在《宇宙的另一边》中，作者的想象世界藏着许多秘密。请根据表格提示，圈出文中的关键信息。

对象	宇宙的这一边	宇宙的另一边
“我”		
雪		
太阳		
石头		
数学课		
语文课		

(2) 展开想象读一读：请结合自己圈出来的内容，读一读你觉得最有意思的一个，边读边想象画面，读完后，用“我仿佛看到了一幅__________的画面”说一说。

(3) 发现想象的秘密：结合表格，你发现了作者是怎么想象的?

明确：作者是先写宇宙这一边的情况，再写宇宙另一边的情况，而且两边的情况刚好相反的。这些相反的方面包括“我”的日常生活、自然景物、学习等方面，这样反着想能让故事变得有趣。

恭喜大家获得了半颗蓝水晶：反着想能让故事变得有趣。

(设计意图：通过“运用表格圈秘密——展开想象读一读——发现想象的秘密”三个学习活动，为学生铺设主动思考的“轨道”，逐步揭秘课文中反着想的想象秘密。)

(二) 学习《尾巴它有一只猫》

平时我们都说猫有一只尾巴，可是这篇课文却说尾巴它有一只猫。到底是怎么回事呢？请学生自读课文，并在课文中划出尾巴为什么说它有一只猫?

如此说来，尾巴的这种想象合理吗？那是一种怎样的想象?

明确：尾巴的这个想法是合理的，这是一种反方向的想象。

恭喜大家获得另外半颗蓝水晶。

(设计意图：从课题出发设计问题，引导学生通过筛选文中的信息，总结作者的想象方法，为习作打下基础。）

三、明确方法，解锁水晶

通过两篇课文的学习，我们发现原来反方向想象也如此有趣。接下来请大家将两个半颗蓝水晶合起来，发挥自己的想象，尝试解锁第二颗蓝水晶。

PPT 出示“颠倒村”的开头。

请大家根据颠倒村的特点，思考：

1. 树是颠倒的，那么房子呢？大人和小孩呢？

2. 看到这种奇特的现象，小牧童又会有怎样奇特的经历呢？

再结合以下支架进行交流。

（提醒学生反方向思考）

交流支架：小牧童一进颠倒村，发现________（颠倒村特点），他看到了______，听到了______，他心情怎么样。

（设计意图：引导学生将习得的想象方法运用到实践当中，教师提供的交流句式，不仅能进一步巩固和强调这种反方向想象的方法，训练学生续编故事和练习说话的能力，也能让教师在学生表达中评价学生是否掌握“反方向”想的特点。）

恭喜大家获得第二颗蓝水晶！

任务三：勇乘想象船

【教学目标】 能运用学习到的方法进行大胆想象，编写故事。

【教学课时】 2 课时

一、温故知新，梳理想象方法

请学生准确、流利地朗读“交流平台”部分，梳理和总结写作表达方法。

明确：可以大胆想象，把自己变成各种事物，用自己的眼睛、耳朵、手去感受想象的世界；可以反方向想，在想象的世界，只要你能想到的都能实现，也可以同时运用这两种想象水晶中的想象方法，使自己的故事更加有趣。

大家会发现，“交流平台”中的内容不就是我们拿到的两颗水晶吗？

（设计意图：两节课的知识需要及时巩固，由学生自主探究到教师梳理总结，有利于提升学生的信息筛选和整合能力，训练学生解决问题的思维能力。）

二、小试牛刀，勇乘想象船

请大家带着我们拿到的两颗水晶，填写登上想象岛的通行证，为登上想象岛做最后的准备。

请学生选择教材中的任一题目，也可以自拟题目，填写想象岛“通行证”，创编自己的想象故事，完成后把自己的故事讲给大家听。

（设计意图：以通行证的形式为学生提供写作支架，帮助学生在完成过程中梳理自己的思路。在学生分享完自己创编的想象故事后，教师及时反馈，并引导学生多角度思考，培养学生的发散性思维，提高学生的创作和表达能力。）

三、教师总结

我们通过层层关卡，终于登上了神秘的想象岛！大家在细心观察与发现中找到了“把自己想象成其它事物”“想象时要抓住事物的特点”和“反方向想”三颗想象水晶，希望大家在生活中也学会运用这三个方法大胆想象，让奇妙的想象带着大家一起领略更多充满神秘而有趣的地方吧！

四、板书设计

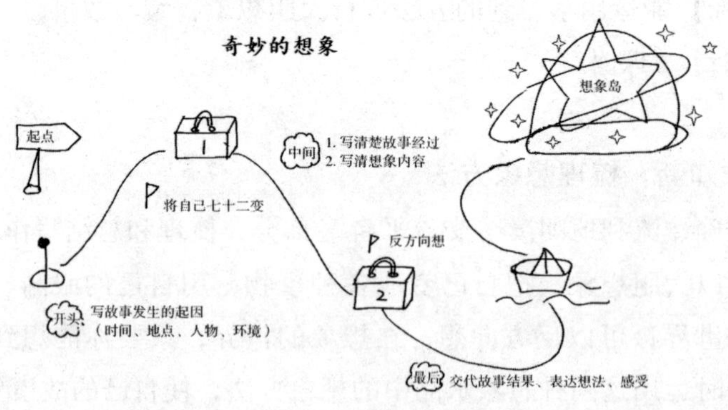

五、作业布置

根据通行证以及提示，完善自己的想象故事，300 字。

附：

<table>
<tr><th colspan="3">想象岛通行证</th></tr>
<tr><td colspan="3">姓名：　　　　班级：　　　　照片</td></tr>
<tr><td>我的故事题目</td><td colspan="2"></td></tr>
<tr><td>我选择的想象水晶</td><td colspan="2"></td></tr>
<tr><td rowspan="7">故事内容</td><td>主角</td><td></td></tr>
<tr><td>故事起因</td><td></td></tr>
<tr><td>去了哪里</td><td></td></tr>
<tr><td>遇到了谁</td><td></td></tr>
<tr><td>发生了什么</td><td></td></tr>
<tr><td>故事结局</td><td></td></tr>
<tr><td>心情如何</td><td></td></tr>
</table>

《奇妙的想象》教学设计二

【教学目标】

1. 能体会习作例文中奇妙的想象，并能借助习作例文中的想象方法大胆想象，写一个想象故事。

2. 在交流分享中进一步感受奇妙的想象，能欣赏同伴的习作并提出修改建议。

【教学课时】 4 课时

【教学过程】

一、教学导入

传说在宇宙深处，藏着一座神奇的“想象岛”，它会随着登岛者的想象而发生各种意想不到的事情：星星喜欢在草丛里捉迷藏、小树有些小烦恼需要倾诉、手的罢工运动开始了……。今天，我们收到了一份来自“想象岛”关于“奇妙的想象”主题故事节的邀请函，他们想请我们一起登上神奇的想象岛，去感受、创造各种各样奇妙的想象故事。接下来，我们就一起准备参加主题故事节的故事吧！

（设计意图：通过适当的情境创设，激发学生的想象力和习作兴趣。）

二、习作前指导

（一）选定题目

出示教材提供的习作题目，请学生参照示例，选择最感兴趣的一个题目提出至少三个问题，并写在学习单上。

示例：

《水果们的音乐会》：有哪些水果参加音乐会了？它们为什么要开音乐会？它们怎样开音乐会？

小结：每个题目背后可能藏着一系列奇妙的故事。在奇妙的想象世界里，万事万物都可以成为有思想、会说话的主角！

（设计意图：引导学生对教材中的题目进行提问，帮助学生打开思路，同时为后面创编故事做好铺垫。）

（二）学习想象方法

大家提出的问题都很有意思，那么通过什么样的方式去回答自己的问题呢？本单元的课文给大家提供了一些线索。

1. 请读读《宇宙另一边》和《我有一只猫的尾巴》，想一想以下问题：

（1）课文讲了什么？

《宇宙的另一边》：课文讲了宇宙的这边和另一边发生的完全不同的事情。

《尾巴它有一只猫》：讲了尾巴有一只猫的有趣故事。

（2）《宇宙的另一边》还会发生什么有趣的事情呢？《尾巴它有一只猫》，

还有这样类似的情况吗?

(3) 从两篇课文中你发现了关于想象的什么秘密?

明确：反方向去想，想象更大胆、奇特。

(4) 结合你所选择的题目，试着用这个秘密进行想象，回答自己所提出的问题，并写在学习单上。

(设计意图：结合《宇宙的另一边》和《尾巴它有一只猫》探索可以从反方向去想的秘密，并尝试运用其回答第一个环节的问题。)

2. 请读《我变成了一棵树》和《一支铅笔的梦想》，想一想以下问题：

(1) 课文讲了什么?

明确：

《我变成了一棵树》：变成树的“我”长满了鸟窝，小动物们住进各种形状的鸟窝里，我和许多动物一起聊天，妈妈给小动物们分食物，“我”馋得流口水，被妈妈发现了变成树的“我”。

《一支铅笔的梦想》：一支“老憋在抽屉里”的铅笔有好几个梦想，它的梦想在山坡上、荷塘里、菜园里、小溪边、运动场不断变化。

(2) 从两篇课文中你发现了关于想象的什么秘密?

明确：

《我变成了一棵树》告诉我们想象的时候，可以把自己变成其他事物。

《一支铅笔的梦想》中的铅笔所梦想变成的事物都和它具有笔直、细长的相同特点，想象的时候，要抓住事物的特点进行。

(3) 结合你所选择的题目，试着用这两个秘密进行想象，回答自己所提出的问题，并写在学习单上。

(设计意图：结合《我变成了一棵树》和《一支铅笔的梦想》，探索可以把自己变成其他事物和抓住事物的特点进行想象两个秘密，并尝试运用回答第一个环节的问题。)

3. 与同学交流自己学习单上的回答，并相互提建议、修改。

(设计意图：通过学生之间的交流合作，完善学习单上的内容，为正式习作奠定基础。)

三、习作中指导

现在我们已经掌握了奇妙想象的秘密，赶紧用这些秘密完成我们的故事吧。结合学习单，将你的回答连起来，形成一个故事。注意以下几点：

1. 习作题目写在第一行的中间。

2. 注意回答问题的顺序。

3. 注意分段，可一个回答分为一个自然段。

（设计意图：通过学习单上的回答及以上习作提示，确保习作结构和内容的完整性。）

四、习作后指导

（一）习作分享会

1. 写完后，小组内交换习作，并说说自己最喜欢同学写的什么内容，什么地方需要修改。

2. 根据同学的建议运用学过的修改符号修改自己的习作。

3. 修改后，大声读给小组内的同学听，投票得出最受欢迎的习作，并将其粘贴到班级壁报栏的“想象岛”。

（设计意图：完成习作后的小组交流、分享、互评修改，充分体现了学生的主体地位。投票、课后展示习作也能充分激发学生的习作、修改兴趣，培养学生的读者意识、修改意识。）

【板书设计】

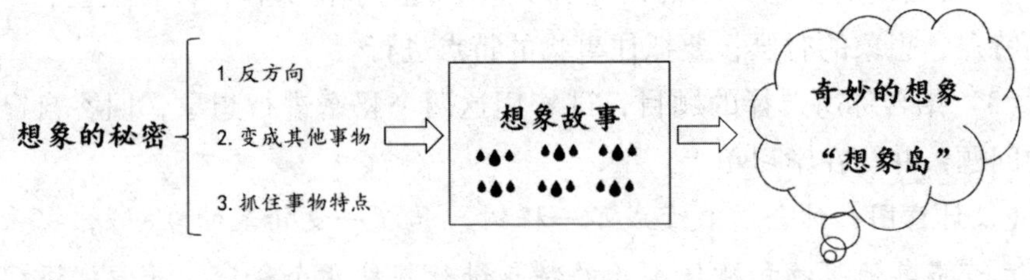

附：

“奇妙的想象”学习单

1. 你感兴趣的题目是什么？题目可以是教材中的，也可以是自己创编的。

2. 围绕这一题目，你提出的问题有：

问题①：____

问题②：____

问题③：____

问题④：____

3. 请在你选用的想象方法前画√？（可多选）

□①反方向去想　　　　□②把自己变成其他事物去想

□③抓住事物的特点去想

4. 采用以上想象方法，你对于所提问题的回答是：

回答①：____

回答②：____

回答③：____

回答④：____

第四节　《这样想象真有趣》教学设计

【教材分析】

详见第三章第一节。

《这样想象真有趣》教学设计一

【教学目标】

1. 能大胆想象动物由于主要特征的变化带来的新变化，编写童话故事。

2. 能用学过的修改符号修改自己的习作。

【教学课时】 2 课时

【教学过程】

第一课时

环节一：图片导入，激发兴趣

1. PPT 出示日常生活中鸡、蚂蚁、鹰、蜗牛四张动物图片，说说他们的特点。

2. PPT 出示教材中的四张动物图片，说说他们的不同之处。

教师明确：外形不同，性格不同，本领不同，习性不同。

3. 请学生思考并交流：你还能从这些不同中想到其他动物的变化吗？

（设计意图：图片导入，让学生能够直观地感受到同一动物不同的特征，激发学生的好奇心和想象力。）

环节二：展开想象，畅所欲言

1. 你对哪种动物的特性变化感到最惊奇，说说为什么会觉得很惊奇？

2. 想一想，这些动物特性的变化，会给它的生活带来什么变化吗？

3. 请学生讨论这些变化会给它们带来什么有意思的经历呢？

（设计意图：尊重学生的主体性，调动学习的积极性，让学生主动去想象动物们变化后的生活与经历。）

环节三：出示要求，指导习作

请结合以下要求，完成习作。

1. 选择以上一种动物作为主角，而不是多个。

2. 动物的特性要与它本身特性相反。（外形、性格、本领、习性）

3. 故事要完整。（起因，经过，结果）

4. 故事语言要有趣、生动，可以参照本单元课文，赋予人的特性，注意细节、语言、动作、神态、心理等描写。

（设计意图：出示的习作要求能有利于降低学生的习作难度，更好地指导学生完成习作。）

环节四：布置作业

完成习作，回家跟父母交流自己的故事。

（设计意图：跟父母交流自己的习作，一方面可以得到父母的鼓励，另一方面，可以根据父母的意见完善自己的习作。）

【板书设计】

这样想象真有趣

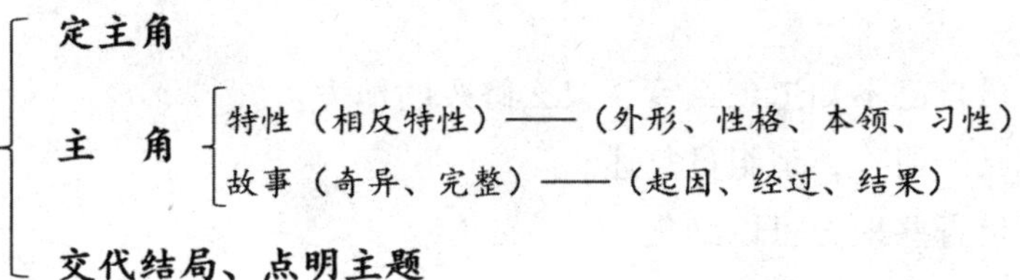

第二课时

环节一：回顾导入

上次课我们完成了童话故事，这次课我们一起来交流同学们所写的故事。

请两位同学分享习作，其他同学参照 PPT 出示的习作要求，说说他们的习作写得怎么样。

（设计意图：回顾上节课的内容，唤起学生回忆，间接的检查作业完成情况。）

环节二：进行自评，补充修改

请学生结合刚刚的交流，读一读自己写的童话故事，并用修改符号进行修改。

（设计意图：让学生再次阅读，自行修改。）

环节三：小组互改

请各小组对照习作要求，按照以下小组合作的分工进行小组合作。

1. 习作要求：

（1）选择以上一种动物作为主角，而不是多个。

（2）动物的特性要与它本身特性相反。（外形、性格、本领、习性）

（3）故事要完整。（起因，经过，结果）

（4）故事语言要有趣味、生动，可以参照本单元课文，赋予人的特性，注意细节、语言、动作、神态、心理等描写。

2. 小组合作分工①：

作者要做的：

（1）问问组员自己不知道怎么写、怎么修改的地方。

（2）读读自己的习作，请组员复述。

（3）问问组员哪些地方可以细化？

（4）请组员提提修改建议。

组员要做的：

（1）认真听作者的朗读。

（2）对作者提出的问题做出回应并提供帮助。

（3）指出文中自己喜欢的内容、词句。

（4）指出文中写得不够清楚的地方，并提出修改建议。

（设计意图：通过“作者要做的”和“组员要做的”将小组合作围绕习作要求落到实处，充分发挥同伴学习的优势。）

环节四：作品展示

1. 根据小组合作的结果，修改自己的习作。

2. 小组内评选优秀作品，并将推选理由和优秀习作一起粘贴到班级壁报栏。

（设计意图：通过习作评选，强化了学生本次习作的要求。同时，习作的展示激发了学生的习作兴趣。）

---

① 董蓓菲编．语文教育心理学［M］．北京：北京大学出版社，2017.09：177-178.

《这样想象真有趣》教学设计二

【教学目标】

1. 根据动物特征消失或相反的提示，展开奇异有趣的想象。

2. 能结合动物变化后的生活或遇到的奇异事情，清楚完整地编写童话故事。

3. 能与同学交流分享自己的习作，并在此基础上修改自己的习作。

【教学课时】2 课时

【教学过程】

一、情境导入

同学们，我们今天收到了一封来自动物森林的信，信上说：森林里突然出现了一面“颠倒镜”，被它照到的好多小动物都会失去原来的特征。让我们一起来看看到底是怎么回事。（出示教材图片：母鸡在天上飞，蚂蚁的高大健壮，勇猛的老鹰变得胆小如鼠，蜗牛健步如飞）

（设计意图：设置情境，激发学生兴趣，让学生的思维聚焦于动物的变化。）

二、习作前指导

（一）打开思路，大胆想象

1. 头脑风暴：你觉得还有哪些动物具有了怎样相反的特征？如果你是这些发生了变化的动物，会怎么想，怎么做？

（学生小组讨论分享）

预设：

（1）小蚂蚁变成巨人蚂蚁后，感到骄傲自满，去找大象比试；

（2）勇猛老鹰变成恐高老鹰，整日待在窝里，不敢出去觅食，被众人嘲笑的故事；

（3）小蜗牛变成飞速蜗牛后，参加“森林杯”运动大会，与兔子比赛跑步的故事。

（设计意图：让学生想象其他动物会怎样变化，变化后会怎么想怎么做，为下面创编故事开拓思路。)

（二）构建学习支架

变化了的小动物们之间发生了许多有趣的故事，请选择一种你最喜欢的小动物，再从下面给出的两种角度中选择一种，说说它生活上的变化（尤其是饮食、居住、出行），或者它经历了什么不可思议的事？

1. 生活上的变化：小蚂蚁变成巨人蚂蚁给他的吃、住、行带来了哪些影响呢？

2. 奇幻的经历：小蚂蚁变成巨人蚂蚁后，到处找其他动物比试，先后找了大象、老虎、狮子……

（设计意图：构建两种情节的学习支架，通过小组合作和师生交流，鼓励学生表达，学生可以在互相交流中吸取别人故事中的优点，做到基本能把故事说通顺，为学生习作做铺垫。)

（三）学会小技巧

1. 出示《漏》中的相关片段，请学生总结读到这些地方忍不住哈哈大笑的秘密。

明确：心理描写、人物对话、动作描写、比喻和夸张的修辞、情节里的巧合

2. 出示“蜗兔赛跑”片段，请学生说说片段中运用了哪些小技巧？还可以用哪些技巧让故事更具体、更生动有趣？

3. 请学生选择其中一到两种方法，让自己的故事生动有趣起来。

（设计意图：让学生回顾课文，学习把故事写具体的方法，为自己编好故事奠定基础。)

三、习作中指导

（一）写“草稿”

请学生参照以下结构要求，完成自己的习作。

结构要求：

1. 题目：（变化特点+主角）

2. 怎样开头：（起因：主角为什么变化）

3. 第二段：主角（外形、性格、能力等）哪方面有了变化？它心里是怎么想的？

4. 第三段+第四段：（经过：你想写它生活上的变化？还是写它奇幻的经历呢）

5. 怎样结尾：（结果：变回去/没变回去+启示）

（二）誊写加工

请结合以下修改注意点，修改你的习作，并把它誊写在你的习作本上。

修改注意点：

1. 是否有错别字？语句是否通顺？

2. 结构是否完整？

3. 是否使用了 1-2 种小技巧？

4. 题目是否有意思？

（设计意图：通过“结构要求”，帮助学生确定习作的结构，理清思路，形成初步的习作草稿；通过“修改注意点”，帮助学生明确修改要求，完善优化习作。）

四、习作后指导

1. 请参照习作结构提示及修改注意点，对自己的习作进行自查。

2. 请参照习作结构提示及修改注意点，在小组内交流、分享。

3. 根据小组成员的建议，修改自己的习作。

4. 将小组内得票最高的习作粘贴到班级壁报栏进行分享。

（设计意图：通过自评、他评，多样化习作评价方式；同时，培养学生的修改意识和提升学生的分享交流能力。）

【板书设计】

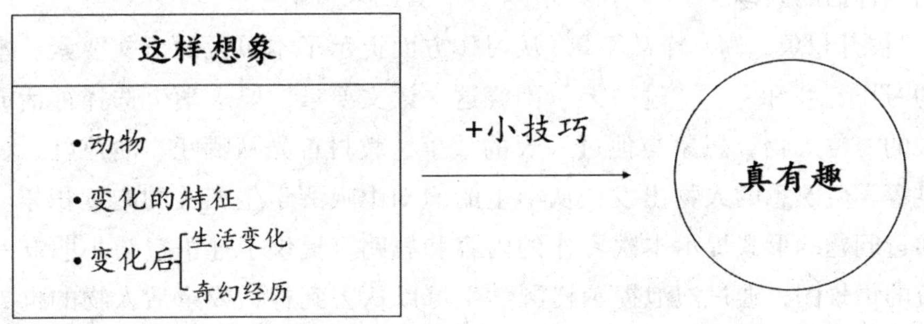

第五节 《我和______过一天》教学设计

【教材分析】

《我和______过一天》是统编版小学语文教材四年级上册第四单元的习作主题。该单元的单元导语中的“神话，永久的魅力，人类童年时代飞腾的幻想”，明确了本单元是围绕神话这一文体展开的；而“了解故事的起因、经过、结果，学习把握文章的主要内容”和“感受神话中神奇的想象和鲜明的人物形象”，则提示了本单元阅读方面的语文要素。围绕这一要素，选文部分编排了《盘古开天地》《精卫填海》《普罗米修斯》三篇精读课文和《女娲补天》一篇略读课文。其中，《盘古开天地》讲述了盘古开天辟地的过程；《精卫填海》是一篇文言文，讲述了女娃在东海游玩不幸溺水后，化身精卫鸟填海的故事；《普罗米修斯》讲述了普罗米修斯“盗”火的故事；《女娲补天》讲述了女娲为了拯救人类，补天杀黑龙的故事。从这些中外古代经典神话故事中，学生能体会到古代人民的神奇想象以及故事中鲜明的人物形象：勇于献身的盘古、坚韧执着的精卫、勇敢不屈的普罗米修斯和甘于奉献的女娲。“语文园地”的“交流平台”中引导学生从充满神奇的想象、人物鲜明的个性、表达古人对世界的认识等方面总结和梳理神话的特点，并在“词句段运用”中进行了强化。“快乐读书吧”围绕“很久很久以前”这一主题，推荐了《中国神话传说》《世界经典神话与传说故事》两本书，引导学生阅读中外神话，认识更多性格鲜明的人物，感受神话中神奇的想象，进一步激发学生阅读神话的兴趣。

“展开想象，写一个故事”，从习作方面提示了本单元的语文要素。本单元的习作“我和______过一天”围绕这一语文要素，要求学生选择神话或童话中的一位人物，想象与他过一天的故事。教材首先从哪吒、葫芦娃、神笔马良等学生熟悉的人物出发，从学生的旧知中唤醒学生相关的阅读积累。接着通过问题的形式提示本次习作的内容和思路，提供了孙悟空与小朋友一起交流的情景图，通过泡泡提示提醒学生可以从去到神话或童话人物的世界里和让神话或童话人物来到自己的世界两种想象思路进行思考。最后提出了交流和誊写的要求。

《我和______过一天》教学设计一

【教学目标】

1. 能联系生活实际，选择一个自己最熟悉的神话或童话人物，根据其性格特点，把一天中发生的事情按照一定顺序写完整、写具体。

2. 能根据同学的意见，认真修改，誊写清楚。

【教学课时】2 课时

【教学过程】

一、教学导入

请学生分享自己喜欢的神话和童话中的人物，并说说喜欢他的什么特点。

（设计意图：运用人物图片来帮孩子们回忆看过的神话或童话故事，既激发了学生的学习兴趣，又能帮助学生快速选定要写的角色。）

二、习作前指导

这些神话或童话中人物的人格魅力深深吸引着我们。假如让你选择和一个最喜欢的人物过一天，你会选择他们中的谁呢？在这特别的一天里，你们之间会发生哪些新奇有趣的事呢？（板书题目：我和______过一天）

（一）选择故事人物

请在横线上填入神话或童话故事中的一个经典人物名字，这个人物最好是你熟悉的、喜欢的，如果你不够了解他，会给你的想象带来困难。

（二）设计故事情节

选择好人物后，把和他（她）在一起的一天中发生的最有趣、最有意义的事情写下来。

1. 选择去到神话或童话人物的世界

示例：

和哪吒一起去东海降伏龙三太子……

和孙悟空一起去到天庭蟠桃会……

和马良一起用神笔帮助海上遇难的人……

和白雪公主一起去森林野餐……

2. 选择神话或童话人物来到自己的世界

示例：

和哪吒一起去游泳……

和孙悟空去体育馆看球赛……

和马良一起去参加绘画比赛……

和白雪公主去电影院看电影……

（三）组织故事顺序

顺序：早、中、晚的时间顺序

结构：与人物相遇（第一段）、一天的经历（第二段）、“我”的感受或收获（第三段）

（四）学习写作技巧

1. 抓住人物特点来写

示例①：

当我用手机给孙悟空拍照留念时，只见白光一闪，照片立即就拍好了。孙悟空见状，大吃一惊：“这是何方神物，竟把俺老孙给装进去了。”我告诉他这是手机，不一会儿，他就玩得比我还溜。看他玩了那么久，我递给他一瓶雪碧，孙悟空接过雪碧，咕咚咕咚，几口就喝完了，用手抹抹嘴问：“这又是何方圣酒，居然这么甘甜。给俺老孙再来一瓶。”说着，还打了个嗝。我不给，只见他眼珠子骨碌骨碌转，眼睛眨巴了好几下，挠了挠自己的腮帮子，一转眼就不见了。我左找右找，终于在冰箱里找到了他。当时他正惬意地喝着我的雪碧呢！这弼马温，还真是改不了偷嘴的老毛病啊！

① 张玉粲．梯度学习，盘活课堂——“我和______过一天”习作教学例谈［J］．安徽教育科研，2023（22）：37-38.

关键词："俺老孙、挠腮帮子、偷嘴的老毛病"，这些无疑都是孙悟空的人物特点，还有对孙悟空的语言、动作、神态等描写，使人一读到这些地方就觉得生动有趣，孙悟空的形象仿佛跃然纸上。

2. 通过想象让故事充满神奇色彩

《盘古开天地》：盘古的身体最后化为自然万物，大胆想象写出了巨大的变化，更加突出他舍己为人的精神。

《普罗米修斯》：普罗米修斯的肝脏白天被鹫鹰啄食，到晚上又会重新复原，日复一日的折磨，更加突出他造福人民的决心。

《女娲补天》：女娲斩下大海龟的四条腿支撑天地四方。

（设计意图：让学生明确写作要求和写作步骤，通过提供习作片段和回顾课文学习写作技巧，为开始习作做铺垫。）

三、习作中指导（编写故事）

请根据以下提示，选择熟悉的人物，展开想象，编写故事。

习作提示：

1. 你选择的人物是谁？
2. 他的形象、语言、动作等方面有什么让人一看就认识的典型特点？
3. 你的习作中体现了他的这些典型特点吗？
4. 活动的地点在哪里？为什么在这里？
5. 这一天的顺序写清楚了吗？是从上午、中午、晚上展开的吗？
6. 你的习作分段了吗？是分为与人物相遇（第一段）、一天的经历（第二段）、我的感受或收获（第三段）这三段吗？

（设计意图：通过习作提示，明确习作要求，为学生提供习作指导。）

四、习作后指导

（一）参照以上习作提示，学生自评、互评习作。

（二）修改提升

根据评价和交流时提供的修改建议，运用修改符号修改自己的习作，让故事更能吸引人。

（设计意图：习作提示既是学生习作时的指导，也是学生评价的依据和参考。在相互碰撞中对学生习作中需要修改的地方进行优化，把修改的主动权交还给了学生，使其养成认真修改的习惯。）

（三）布置作业

回家将自己的习作大声朗读给家人听，边读边思考它还能怎样写得更好？然后根据家人的建议进行再次修改。

（设计意图：通过朗读自己的故事促使学生发现问题，然后进行修改。读给家人听，打破了教师是默认的唯一读者这一惯性思维，提升学生的读者意识和修改意识。）

【板书设计】

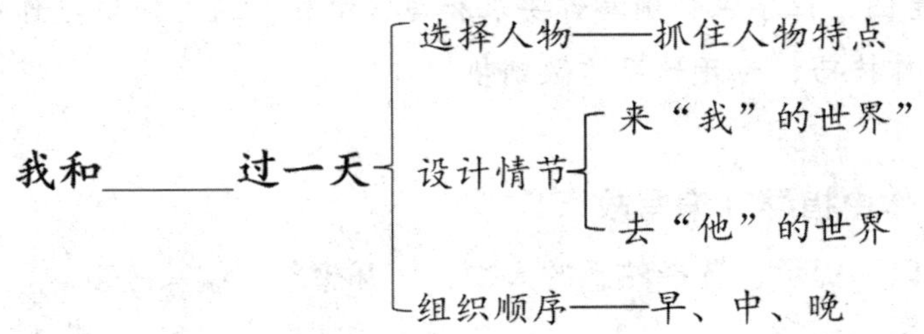

《我和______过一天》教学设计二

【教学目标】

1. 能想象和自己喜欢的神话或童话人物一起过一天，并能编写这一天完整、有趣的故事。

2. 能在同学意见的基础上，认真修改、誊写清楚自己的习作。

【教学课时】2 课时

【教学过程】

第一课时

环节一：图片导入，激发兴趣

PPT 出示盘古、女娲、葫芦娃、孙悟空、白雪公主等图片，并请学生说说他们的神奇之处。

教师明确：在同学们发言中，原来这些都是我们耳熟能详的神话和童话故事中的人物，因为他们有着高超的本领，做了许多神奇的事情，让我们对他们印象深刻。

请学生分享自己喜欢的人物。

（设计意图：1. 图片导入，直观性强，吸引学生的注意力，激发学生的兴趣。2. 创设情境，引发学生对人物的思考。）

环节二：讨论交流，创编故事

1. 选定故事人物。

如果有机会和他们中的某一位过上一天，你会选择谁？为什么？

教师引导：说说自己选择的人物和原因。主要说说人物的主要特征和特别之处。

2. 确定故事主题。

回顾本单元课文，请学生说说每篇课文讲了什么事情，分别体现了每个人物的什么精神？

教师明确：我们在编故事时，可以集中体现人物的某一特点，使故事的主题更有意义。

3. 讨论故事情节。

（1）人物选择好了，那故事情节该怎么编？

明确：

①要明确时间和地点，还要想一想要和他做些什么。

②这一天是今天还是某一特殊的一天？

③我们是要去哪里？是他来到我的世界？还是我去他的世界？

④他的能力还存不存在？

⑤我们在一起会做一些什么事情，这些事情是开心的？还是痛苦的？还是有意义的？

（2）请结合你喜欢的人物，具体说说怎么让故事完整而又生动。

①要将事情的开头、经过、结局写清楚。写一些我和他之间的对话，我们做一些不可思议的事情的神态。

②我们一起做的事情要写清楚，比如孙悟空带我飞上天时，把怎么飞上

去的动作写下来，写清楚我的心情和想法。

教师总结：故事的完整要注意把事件的起因、经过、结果写完整。故事的生动要注意通过细节描写（语言、神态、动作、外貌）来体现。

（设计意图：在具体指导学生选定人物、确定主题、编写故事情节的过程中，让学生主动思考，明确写作对象和具体的写作要求。）

环节三：作业布置

以“我和______过一天”为题，结合今天一起讨论的内容，跟同学说说你的习作。

【板书设计】

我和 ______ 过一天

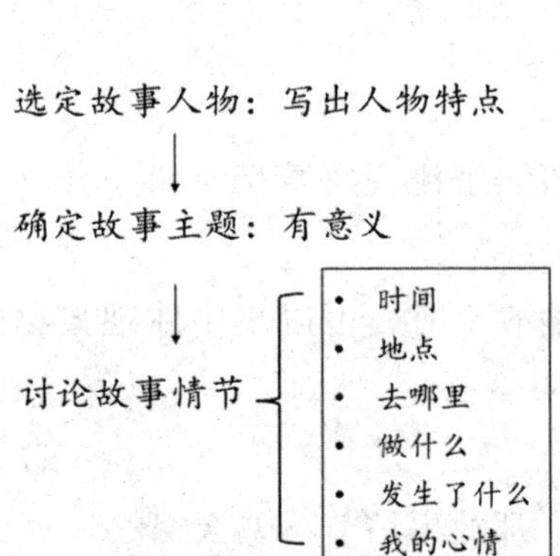

第二课时

环节一：回顾导入，完成写作。

上节课我们确定了习作的人物和主题，也知道了故事情节的编写方法，在跟同学的交流中完善了自己的习作，接下来请把你的想象写下来吧。

（设计意图：帮助学生回忆写作内容，让学生将口述作文变成文字。）

环节二：习作交流，紧扣神奇

请学生交流自己习作中的神奇之处。

（设计意图：学生通过自由交流，感受他人习作中的神奇之处，完善自己习作中的神奇之处。）

环节三：互读互评，自主修改

1. 前后桌为一组，互相交流评价。

评价标准：语词、句式是否有错误，人物的个性是否鲜明突出，故事的情节是否完整，是否写清楚去了哪里，做了什么，发生了什么，故事内容是否生动、有没有表现出人物精神。

2. 结合小组评价，自主修改。

结合小组的评价意见，运用修改符号进行修改。

（设计意图：生生互评，提高学生的主动性和自觉性，凸显学生主体性，促使学生总结别人的优势和不足，并反思修改自己的习作。）

环节四：誊写习作，交流分享

1. 请学生将修改后的习作工整誊写在作业本上。

2. 同学之间交换阅读，相互交流。

（设计意图：生生交流，丰富习作的读者群体，打破学生将教师默认为唯一习作读者的思维惯性。）

第六节　《我的奇思妙想》教学设计

【教材分析】

《我的奇思妙想》是统编版小学语文教材四年级下册第二单元的习作。单元导语中的“蓝天、森林、大海，蕴藏着自然的奥秘；过去、现在、未来，述说着科技的精彩……”，明确了本单元的主题；而“阅读时能提出不懂的问题，并试着解决”是从阅读角度确定的语文要素，围绕这一语文要素，本单元编排了《琥珀》《飞向蓝天的恐龙》《纳米技术就在我们身边》《千年梦圆在今朝》四篇课文。其中，《琥珀》是作者根据琥珀的样子，展开合理想象，推测它的形成过程；《飞向蓝天的恐龙》介绍了恐龙的一支向鸟类演化的过程；《纳米技术就在我们身边》介绍了纳米技术的含义及其应用；《千年梦圆在今朝》记叙了中华民族追寻飞天梦的历程。四篇选文围绕提问并尝试解决这一要素，从提出不同问题的示范举例到要求学生写下不懂的问题，再到交流出一种解决问题的方式，最后到查资料解决问题，循序渐进地在课后习题中达成这一语文要素。同时，在“语文园地”的“交流平台”中还总结了解决问题的三种方式。通过这些编排，培养学生提出问题、解决问题的意识与能力，进而鼓励学生积极思考。

单元导语中的“展开奇思妙想，写一写自己想发明的东西”，从习作的角度提示了本单元的语文要素。本单元的习作《我的奇思妙想》让学生展开奇思妙想，写自己发明的一种神奇的东西，不仅能激发学生的想象力，还有助于培养学生的创新意识。教材首先用一句话引导学生回顾生活中的奇思妙想。接着，提供了“会飞的木屋”“会变大变小的书包”“水上行走鞋”三个具体例子，帮助学生打开想象的思路。这三个例子分别从功能的组合或扩展、功能的改变和让事物变化起来三个方面，给学生提供了想象的思路、角度等。再接着，通过三个提问引导学生从样子和功能两个方面，构思自己的发明，并以“会飞的木屋”的图示引导学生发散思考，写清想发明的东西。最后，明确了“写清楚”这一习作交流、修改的要求。本单元的习作关注学生的大胆想象，“既符合儿童富于想象的心理特点，又能激发他们发明创造的兴趣。”①

《我的奇思妙想》教学设计一

【教学目标】

1. 能大胆发挥想象，借助图示进行构思，清楚地介绍自己想要发明的东西的样子和功能。

2. 能根据建议修改自己的习作。

【教学课时】2 课时

① 人民教育出版社课程教材研究所小学语文课程教材研究开发中心编．义务教育教科书教师教学用书（语文四年级下册）[M]．北京：人民教育出版社，2019：54.

【教学过程】

一、导入

1. 回顾课文

琥珀的奥秘、恐龙的演变、纳米技术的惊人之处以及千年梦圆的辉煌，使我们不禁感叹大自然的神秘和科技的神奇，更激发了我们内心对创新与发明的渴望。我们也可以尝试用奇思妙想解决生活中遇到的问题。

（设计意图：通过学过的课文进行导入，引起学生的思考，激发学生的兴趣。）

2. 头脑风暴

（1）请学生说说在平时生活中，曾有想过发明什么神奇的东西？

（生分享）

预设1：我想发明一个会变大变小的书包，方便携带。（形态变化）

预设2：我先发明一只只属于我的机器猫——“哆啦A梦”。（功能升级）

预设3：我想发明一支错别字提示笔，帮助我改正总写错别字的坏习惯。（功能组合）

预设4：我想发明一个时空穿梭机，去看看未来的我长什么样。（新生发明）

小结：发明的方法多种多样，最常见的有：形态变化、功能升级、功能组合、新生发明。

（2）请学生结合以上发明的方法，完善自己的发明。

（设计意图：通过书本的三个例子进一步挖掘学生的想象潜能，启发学生通过不同的角度、思路、方法等展开想象，为习作做准备。）

二、初步构思

1. PPT出示小木屋的图片，请从样子和功能两个方面改造它。

预设：

样子+功能：屋子底部四个轮子+环游世界；

样子+功能：屋子两侧机翼+自动除尘；

样子+功能：屋子顶部发射装置+遨游太空。

小结：功能与样子要对应，说“样子”要按顺序；这样将“会飞”和“居住”的功能组合起来，小木屋就立刻变得神奇起来了。

2. 请结合你生活中遇到的困难，写写你想发明的东西。

写一写：当我面临____________时（困难/情境），我想发明_________。

3. 出示教材图片，请结合教材图片，画画自己发明的东西的图示。

示例：

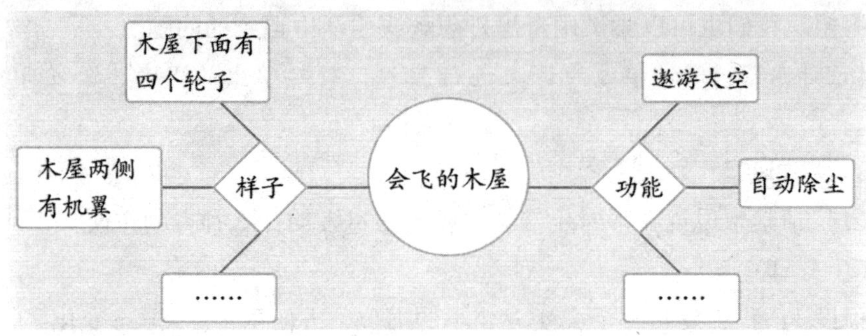

4. 在小组内讨论，分享你画的内容，互相修改，完善构思，每个小组推荐一名最有创意的同学进行分享。

（设计意图：通过建立学习支架，帮助学生确定想要发明的事物，并对其样子和功能进行构思。）

三、习作技巧

（一）写清样子

1. 请概括下列《飞向蓝天的恐龙》中划线的地方的特点。

有些恐龙像它们的祖先一样用两足奔跑，有些恐龙则用四足行走。有些恐龙身长几十米，重达数十吨；有些恐龙则身材小巧，体重只有几千克。有些恐龙凶猛异常，是茹毛饮血的食肉动物；有些恐龙则温顺可爱，以植物为食。

明确：对于样子的描写，可以从行动方式、长度、重量、性格特点、饮食特点等方面展开。

2. 请根据上面总结的特点，试着将你想发明的东西的样子写出来。

3. 师生间交流习作片段。

（二）写清功能

1. 请结合下列《纳米技术就在我们身边》中的文字，说说下面划线的地方有什么好处。

> 什么是纳米技术呢？这得从纳米说起。纳米是非常非常小的长度单位，①1纳米等于十亿分之一米。②如果把直径为1纳米的小球放到乒乓球上，就好像把乒乓球放在地球上，可见纳米有多么小。纳米技术的研究对象一般在1纳米到100纳米之间，不仅肉眼根本看不见，就是普通的光学显微镜也无能为力。这种纳米级的物质拥有许多新奇的特性，纳米技术就是研究并利用这些特性造福人类的一门学问。
>
> 纳米技术就在我们身边。冰箱里如果使用一种③纳米涂层，就会具有杀菌和除臭功能，能够使蔬菜保鲜期更长。有一种叫做“碳纳米管”的神奇材料，比钢铁结实百倍，而且非常轻，将来我们有可能坐上“碳纳米管天梯”到太空旅行。在最先进的隐形战机上，用到一种纳米吸波材料，能够把探测雷达波吸收掉，所以雷达根本看不见它。

明确：①通过数字能对纳米的大小了解得更清楚；②通过把不熟悉的纳米与熟悉的乒乓球、地球对比，让我们对纳米的大小有更直观的了解。③通过冰箱里的“纳米涂层”“碳纳米管”“碳纳米管天梯”三个例子，让我们更了解纳米的功能。

2. 请根据上面总结的特点，试着将你想发明的东西的功能写出来。

3. 师生间交流习作片段。

小结：《飞向蓝天的恐龙》告诉我们可以从哪些方面写发明的东西的样子，而《纳米技术就在我们身边》告诉我们可以怎样把想发明的东西大小、功能写清楚。

（设计意图：通过教材中的两个片段，让学生学会怎样将想发明的东西的样子和功能写清楚。）

四、完成习作

1. 将“当我面临__________时（困难/情境），我想发明________”、写样子的片段和写功能的片段拼凑起来，各成一段，形成习作初稿。

（设计意图：整合三次片段习作，帮助学生建立整体习作框架。）

2. 请根据习作要求，检查、修改自己的习作，将自己想要发明的事物写清楚、写完整。

习作要求：

（1）想要发明的东西是什么？

（2）为什么要发明这个东西？

（3）这个发明的样子写清楚了吗？

（4）这个发明的功能写清楚了吗？

（5）习作是分三段进行的吗？

（设计意图：结合习作要求，帮助学生写清楚、写完整想发明的事物，并能检查、修改自己的习作。）

五、习作评价与指导

1. 完成习作后，请学生参照上面的习作要求完成自评。

2. 请结合习作向小组同学推荐你发明的东西，如果组员不愿意购买，请他说明理由并提出修改建议。

3. 教师阅览习作，做出评价，并给出修改建议。

（设计意图：学生对照习作评价表，自评、他评、师评，不断修改完善，提高习作水平。）

【板书设计】

我的奇思妙想
- 发明方法：形态变化、功能升级、功能组合、新生发明
- 写作技巧——形象具体
- 介绍发明：功能（对应）样子

合理想象

《我的奇思妙想》教学设计二

【教学目标】

1. 能结合生活实际，发挥想象，写出想要发明的东西。

2. 能借助图示进行构思，清楚地介绍自己想要发明的东西。

3. 在互评习作时，能给他人的习作提出修改建议，并能结合他人的建议修改自己的习作。

【教学课时】2 课时

【教学过程】

第一课时

环节一：图片导入，激发兴趣

PPT 出示会飞的木屋、水上行走鞋、会变大变小的书包三张图片，请学生说说看到了什么、与生活中的东西有什么不同、有什么功能。

教师总结：这些东西都源于我们的生活，它们在有了某种神奇的功能后，给我们的生活带来了很多的便利。

（设计意图：通过图片展示，让学生直观感受这些发明的奇妙，激起学生对发明事物的兴趣和想象力。）

环节二：启发想象，确定对象

在你的学习上，生活的吃、穿、住、行上遇到过什么困难？如果你想发明一件东西去解决这个困难，你想发明什么呢？

提示：可从相反的方向去想象。

比如：

1. 你总是上学迟到，我可以发明（　　），我就不会迟到了。

2. 看到家里的花儿总是忘记浇水而枯萎，我可以发明（　　），它不会枯萎了。

（设计意图：结合生活实际，启发学生合理且大胆的想象，引导学生通过有意义的思考确定写作对象。）

环节三：借助图示，构思内容。

1. 出示教材中的图示，请学生结合图示，完成下列填空：

①想发明的东西：<u>会飞的木屋</u>。

②从样子和功能两个方面来写。

③样子围绕“会飞”这一特点想象了木屋下面有四个轮子和木屋两侧有机翼两个方面。

④功能围绕“会飞”这一特点设置了可以遨游太空的功能，针对打扫卫生这一难题设置了自动除尘功能。

2. 结合自己想发明的东西，完成下面填空：

①想发明的东西：________。

②从样子和功能两个方面来写。

③样子围绕“______”这一特点想象了____________和______________两个方面。

④功能围绕“__________”这一特点设置了____________的功能，针对__________这一难题设置了__________功能。

3. 结合以上填空，仿照教材图示，完成自己想发明的东西的图示。

4. 结合图示，交流分享自己想发明的东西，并结合师生评价完善想发明的东西的样子和功能。

5. 将想发明的东西的样子和功能写下来。

（设计意图：引导学生学会看图示，提取关键内容，让学生明确应该从哪些方面去构想发明的东西，并通过交流分享完成片段习作。）

【板书设计】

我的奇思妙想

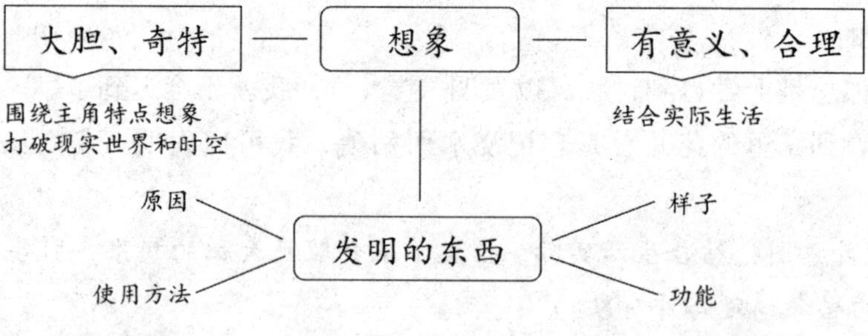

大胆、奇特 —— 想象 —— 有意义、合理

围绕主角特点想象
打破现实世界和时空

结合实际生活

发明的东西

原因
使用方法
样子
功能

第二课时

环节一：分享导入，调动思维

请学生自由分享自己的习作片段。

教师总结：大部分同学发明的东西都很神奇，并且能够大概说明发明的原因，发明东西的样子和功能。

（设计意图：通过分享，回顾上节课的要求及其内容，调动学生的积极性。）

环节二：明确要求，书写习作

结合以下要求，完成习作：

1. 第一段表明自己想要发明的东西是什么。

2. 第二段写清楚想要发明的东西的样子。

（1）从事物的大小、高低、形状、材质、颜色等方面、多角度的想象。

（2）按一定的顺序写，运用恰当的修辞手法。

3. 第二段写清楚想要发明的东西的功能。

（1）主要功能（细致写）

（2）次要功能（略写）

3. 第三段表达自己发明这一东西的喜爱和期待。

（设计意图：明确习作框架与结构，帮助学生写完整，写清楚。）

环节三：小组交流，互相修改

1. 结合以上习作要求，小组互相交流，提出修改建议。

2. 学生按修改建议运用修改符号自我修改习作。

2. 小组选出最有意义的神奇东西和最精彩的段落和句子进行分享。

（设计意图：发挥学生的主观能动性和同伴学习的优势，增强学生的交流、修改意识。）

【板书设计】

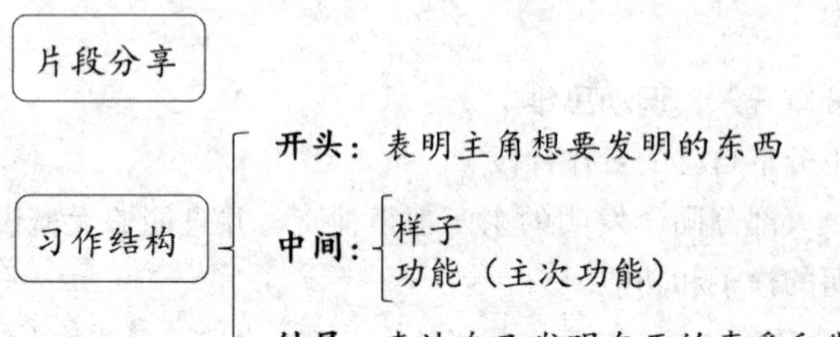

第七节 《故事新编》教学设计

【教材分析】

详见第二章第二节教材分析。

《故事新编》教学设计一

【教学目标】

1. 能借助熟悉的故事，大胆想象，选定故事结局创编出新的故事。

2. 能给习作配图并与同学分享自己新编的故事。

【教学课时】2 课时

【教学过程】

环节一：故事导入

1. 请学生回忆二年级学过的《坐井观天》。

2. 出示《坐井观天》的新编故事，让学生找到其中的相同点与不同点。

明确：

相同点：主人公一样，都是青蛙和小鸟。

不同点：青蛙的态度不一样、结局不一样、青蛙与小鸟之间的对话也不太一样……

（设计意图：以学过的寓言故事导入，消除陌生感，激发学生的学习兴趣。通过直观对比两则故事的区别与联系，旨在帮助学生明确“新编”的方向与范围。）

环节二：分析材料，明确思路

1. 请学生讲述《龟兔赛跑》的故事，并思考：如果乌龟和兔子再赛一次跑，会有哪些结局呢？

明确：乌龟又赢了，兔子赢了，乌龟和兔子都赢了，乌龟和兔子都输了。

2. 填空：请选择一种你喜欢的结局，并根据这一结局推测情节。

我喜欢的结局是：____

我推测的情节是：____

3. 师生交流并总结明确推测情节的角度：可以从有利、不利、主观、客观四个角度展开情节的推测。以“乌龟又赢了”这一结局为例（如下图），推测的情节应该是有利于乌龟的，包括主观方面的有利和客观方面的有利；不利于兔子，包括主观方面的不利和客观方面的不利。

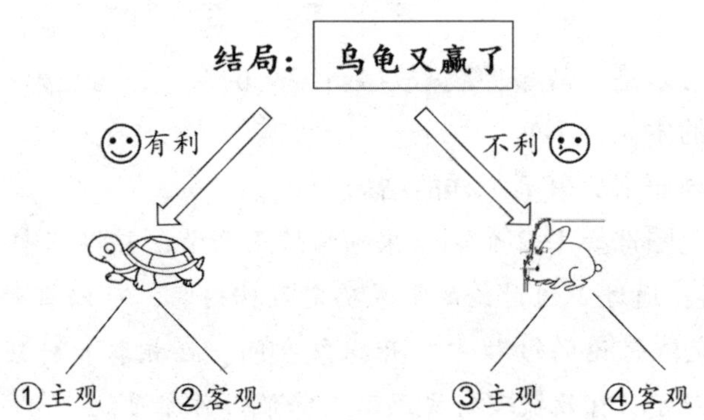

4. 结合上图，完善自己的情节，并用以下句式跟大家交流你设想的情节：

我选的结局是__________，因为对于____的有利因素①____________（主观），有利因素②________________（客观），对于________的不利因素③____________（主观），有利因素④________________（客观），所以导致了这一结局。

（设计意图：提供具体支架帮学生打开推测情节的思路，提升想象的丰富性，避免想象内容的同一性。)

5. 提示：根据选定的结局，可以选择四个因素中的任意一个或多个来展开故事情节，请将某一个主角的某一因素写详细。

(设计意图：由想象面广聚焦到想象情节的某一点上，使习作内容更具体。)

环节三：确定内容，完成习作

1. 请学生选择自己要新编的故事，如《乌鸦喝水》《狐假虎威》《狐狸分奶酪》《揠苗助长》等，先设想故事结局，再结合上一环节的图示推测故事情节。并用以下句式进行交流。

我要改编的故事是________。

我选的结局是___________。

因为对于____的有利因素①___________（主观），有利因素②________________（客观），对于____的不利因素③____________（主观），有利因素④_______________（客观），所以导致了这一结局。

2. 在交流结果的基础上完善自己习作的情节，并结合以下要求，进行习作。

（1）题目可以是“故事原题+故事新编”的形式，写在第一行居中位置。

（2）故事的主人公不变。

（3）设想与原来故事不一样的结局。

（4）结合上图选择1–2个因素来新编故事情节，并将其中一个写具体。

(设计意图：通过小组讨论的形式确定习作内容，可以有效地激发学生的创作兴趣，在交流讨论的过程中打开想象空间，互相取长补短。在确定习作内容后再动笔，可以有效梳理行文思路，降低习作难度。)

环节四：美化习作，分享习作

请通过水彩、油画棒、彩铅、剪贴画等形式美化自己的习作，并将习作粘贴到班级的习作分享。

【板书设计】

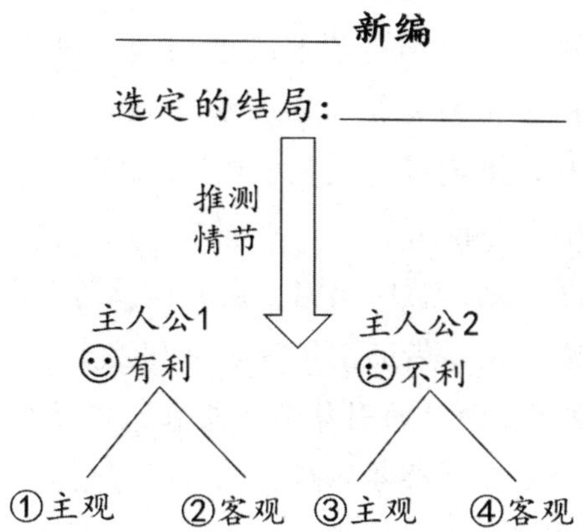

《故事新编》教学设计二

【教学目标】

1. 能借助熟悉的故事，展开想象大胆创编出新故事。

2. 学习创编方法，把故事写完整、生动。

【教学课时】 2 课时

【教学过程】

第一课时

环节一：故事导入，激发兴趣

PPT 出示兔子和乌龟赛跑的图片，请学生结合图片讲述龟兔赛跑的故事。

（设计意图：回顾熟悉的故事，让学生集中注意力，同时激发学生分享的兴趣。）

环节二：引入主题，思路引导

1. 请学生谈谈如果再进行一次龟兔赛跑，会有什么其他的比赛结果？

2. 大家把比赛的四种结局都考虑到了。其实，结局不同，比赛的过程也会不同。假如我们选择“乌龟又赢了”这个结局，想象一下新的故事情节。

教师总结：乌龟赢了，在编写情节的过程中，对于乌龟而言，都是有利因素，不管它主观上借助工具还是客观上兔子贪吃。其实，我们可以总结一个顺口溜“谁赢谁有利，谁输谁不利”，在这个原则下，请大家再打开想象之门，想象还可以推测出哪些情节。

从兔子角度：路遇不测，急中出错，遇到诱惑等等不利因素。

从乌龟角度：赛道变化，借助工具等等有利因素。

（设计意图：教师有方向性的引导学生想象，锻炼学生的思维能力，激发学生主动思考，学会多角度地思考问题。）

环节三：明确要求，新编故事

1. 结合以下要求，将编出来的故事情节写具体。

（1）把角色当成人来写，它们能够像人一样说话、叫喊，能够通过它们的语气判断它们的性格。

（2）在有利或不利因素发生时，写清楚主人公心里的想法。

（设计意图：让学生明白写作要求，根据要求把故事情节写具体。）

2. 结合示例，给故事加个标题。

示例：

《龟兔赛跑》故事新编

《狐假虎威》故事新编

3. 参考一下示例，写一个开头。

示例：

乌龟和兔子又进行了一次赛跑……

狐狸和老虎又一次相遇了……

【板书设计】

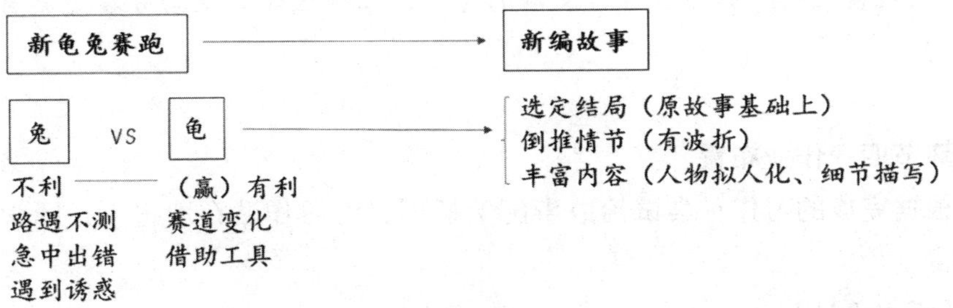

第二课时

环节一：分享导入

请学生分享自己的习作，其他同学关注新旧故事的区别，并结合上节课的要求进行评价。

（设计意图：分享导入，回顾上节课的知识，检查学生是否完成作业。）

环节二：互相交流，自主修改

同桌互相交流，按要求提出建议修改。学生自主运用所学过的修改符号修改。

要求：

1. 语句是否通顺，语词是否书写正确；
2. 情节是否有转折点；
3. 故事是否建立在原来故事的基础上完成的，是否完整；
4. 语言是否有趣味性，有无运用细节描写（动作、语言、神态、心理）；

（设计意图：明确的交流要求，提升了同伴学习的质量，强化了学生的修改要求和修改意识。）

环节三：小组交流，佳作分享

1. 小组选出最有趣、完整的故事分享。
2. 小组互评，教师总结。

3. 根据小组及教师的意见，完善习作。

（设计意图：增强学生合作交流的意识，让学生学会主动分享交流自己的想法。）

环节四：作业布置

根据完成的习作，尝试给故事配上插图，将习作贴在墙报上，同学间互相欣赏。

【板书设计】

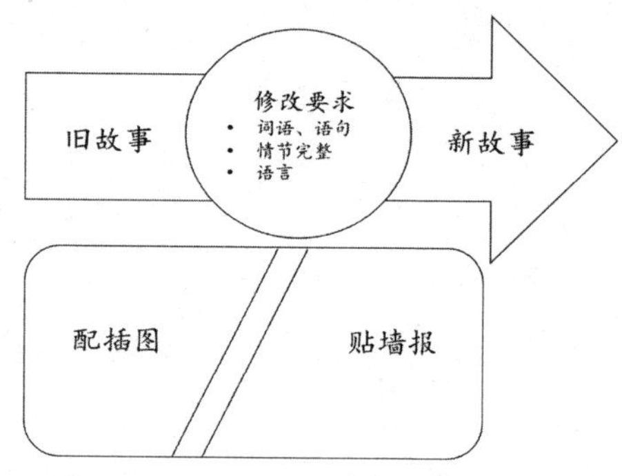

第八节 《二十年后的家乡》教学设计

【教材分析】

《二十年后的家乡》是统编版小学语文五年级上册第四单元的习作。单元导语引用艾青的诗句“为什么我的眼里常含泪水？因为我对这土地爱得深沉……”，提示了本单元的主题为“爱国情怀”。“结合资料，体会课文表达的思想感情”，从阅读的角度明确了本单元的语文要素，围绕这一语文要素，本单元编排了《古诗三首》《少年中国说（节选）》《圆明园的毁灭》《小岛》四篇课文。“四篇课文所涉及的年代、人物、事件各异，贯穿其中的是中国人代代相传的爱国情怀，表现了中国人‘天下兴亡，匹夫有责’的责任感和使命感。"①

单元导语中的"学习列提纲，分段叙述"是本单元习作方面的语文学习要素。本单元的习作围绕"二十年后的家乡"这一话题展开，帮助学生梳理习作内容，理清习作思路，让学生的表达更有条理。教材首先创设了时空穿越的情境，激发学生大胆想象的动机。接着要求学生大胆想象，并从环境变化、工作变化、生活变化三个方面引导学生思考二十年后家乡的巨变。再次，明确列提纲的相关内容，并提供了列提纲的例子，让学生清晰地了解提纲的结构。接着提出编写习作提纲，分段叙述，把重点部分写具体的要求；最后提出和同学互评的习作评价方式及根据同学的建议进行修改的修改要求。

《二十年后的家乡》教学设计一

【教学目标】

1. 能列出"二十年后的家乡"的习作提纲，大胆想象，分段叙述，把家乡的变化写具体。

2. 能主动了解家乡的过去，有意关注家乡的现在，展望家乡的未来。

【教学课时】 2 课时

【教学过程】

课前准备：让学生提前询问父母或长辈二十年前家乡的基本情况，对比现在，找出二十年前与现在的变化差距，课上分享讨论。

环节一：讨论导入

1. 请学生分享从长辈口中了解到的二十年前的家乡的情况，并与现在的家乡进行比较。

2. 二十年的时间，家乡发生了翻天覆地的变化。现在，让我们一起张开想象的翅膀，大胆想象一下家乡二十年之后的样子。

（设计意图：课前准备可以帮助学生更加深入体会到二十年时间带给家乡的巨大变化，为构想二十年后的家乡变化提供思路和角度。）

---

① 人民教育出版社课程教材研究所小学语文课程教材研究开发中心编．义务教育教科书教师教学用书（语文五年级上册）[M]．北京：人民教育出版社，2019：97.

环节二：引导审题，明确要求

1. 现在我们进行了一次时空穿越，来到了二十年后的家乡。请大家展开想象，二十年后，发生了什么？

2. 根据大家的交流，可从以下几个方面来总结家乡的变化：环境、工作、生活。

3. 结合环境、工作、生活三个方面，发挥想象，各想出三个变化。

4. 把其中的一个变化说具体，可以举身边熟悉的人的例子，也可以描绘某一个具体的场景。

5. 出示教材的提纲，请学生观察提纲的组成部分，交流总结提纲的结构：题目、开头、中间、结尾。提纲语言简洁，思路清晰，是习作的“设计图纸”。

6. 将自己想象的部分补充到提纲的中间部分。

（设计意图：先放手让学生大胆想象，再从学生的想象中归纳想象的角度，为思路不清晰的同学明确想象的方向。了解提纲的结构和特点，结合想象的内容尝试写自己习作提纲的中间部分。）

环节三：完成习作，互相修改

根据提纲，围绕二十年后的家乡写一篇完整的作文，重要的部分要尽量写得具体详细。

（设计意图：鼓励学生结合提纲，动笔写。）

环节四：交换阅读，提出修改意见

1. 小组互评习作。小组内结合提纲内容，互相评阅习作，关注结构的完整性、分段、重点部分写具体等方面。

（设计意图：采取同学间互相阅读修改的方式，既能使学生明确习作的要求，又能充分发挥同伴学习的优势。）

2. 结合修改建议，修改自己的习作。

【板书设计】

二十年后的家乡

开头：穿越到二十年以后，看到了我的家乡。
中间：1……
2…… ⇨（重要的部分写具体）
3……
结尾：我此刻的内心感受……

《二十年后的家乡》教学设计二

【教学目标】

1. 大胆合理想象二十年后家乡的人、事、景、物的巨大变化。

2. 学会梳理二十年后家乡变化的写作素材，能清晰地列出自己的学习作提纲。

3. 借助提纲分段叙述，将重点部分写具体，激发对家乡的热爱之情。

【课时安排】2 课时

【教学过程】

第一课时

一、激趣导入

1. 检查《二十年后的家乡》导学单，并及时反馈。

2. PPT 出示手机演变的图片：呼叫机—诺基亚—翻盖手机—智能手机—折叠屏手机—?

师：短短二十年，我们的手机就换了如此多套衣服！那么请大家想想，再过二十年，我们的手机还会变吗？会变成什么样的呢？二十年后，我们熟悉的家乡会改变吗？又会发生什么样的变化呢？今天我们将带着这些疑问，乘坐时空穿梭机来一探究竟！

（设计意图：1. 及时反馈学生所做的课前作业，培养学生课前预习的好习惯。2. 调动学生感兴趣的内容和已有的生活经验，深刻感知手机发展变化速度飞快。在创设时空穿梭的情境中，进一步引出再过二十年，手机还会变，我们的家乡又有哪些变化。）

二、审题：明确写作要求

请学生浏览教材，交流归纳本次习作的相关信息：

明确：

1. 本次习作是一篇想象类习作；

2. 要大胆想象、合理想象，且要让读的人感兴趣；

3. 要求是学会列提纲，分段叙述，还要把重点部分写具体。

（设计意图：培养学生审题意识，抓住题目想象写作要求，正确立意。）

三、想象：细说家乡变化

1. 请学生结合导学单，四人一组，仔细对比现在，大胆谈谈二十年后的家乡具体在什么方面有什么样的变化。

2. 请学生从“新旧变化的对比”“对未来事物的描述”“看到变化后的感受”三个方面，将自己习作的重点部分变得具体生动。

（设计意图：1. 借助助学支架导学单，采用小组讨论法，激发学生的课堂参与度，在提示学生思考角度的同时，培养学生拓展思维的能力。2. 有意识引导学生体会二十年后家乡的变化让家乡生活越来越好了，居住在这里的人幸福感也越来越强。3. 让学生在亲自参与想象中体会如何将故事说具体生动，培养学生的自主学习能力。）

四、提纲：巧选材、巧组材

师：大家的想象真是太丰富了，老师仿佛刚刚穿越到二十年后的家乡，看到了大家提到的各种各样的“大变化”。但是我们写作文时不能想到什么就写什么，要学会合理的选择和组合。这就得拿出锦囊妙计——列提纲。

1. 初步感知提纲

请学生对照书本，了解提纲的组成部分。

明确：题目、开头、中间、结尾

2. 指导编写提纲

学生先讨论，交流怎样列提纲。师生共同梳理明确：

（1）列提纲前要对习作进行整体构思。充分考虑提纲各部分的内容，特别是中间部分。就《二十年后的家乡》而言，中间部分写二十年后家乡的变化，写哪些变化？怎么安排这些变化的详略？都要考虑清楚。

（2）提纲提示了习作的基本内容，不能太详尽，也不能太简单，看了之后能明确文章的内容即可。

（3）对想到的内容进行分类。比如空中飞车、智能马路属于交通方面的变化；奇花异草、空气清新无雾霾属于环境方面的变化。另外，对于变化，可以不仅仅只关注进步的、好的一面，也可以关注不好的一面。

（4）对于中间部分，注意顺序和分段。

3. 写一份自己想象的二十年后的家乡的习作提纲，写完后交流、修改。

（设计意图：让学生借鉴已有提纲，在自己主动总结提纲的特点后，明确列提纲的要求，并及时动笔写提纲。）

五、归纳总结

师：本节课我们重点从想象中找到丰富的写作素材，同时通过模仿学到了写提纲的步骤：确定主题——列出四要素——整理中间内容——概括每部分内容——用简洁语言列提纲——检查提纲。在今后的写作中，列提纲能让我们写作思路更清晰，是我们写作前的一大法宝！

六、板书设计

写作提纲

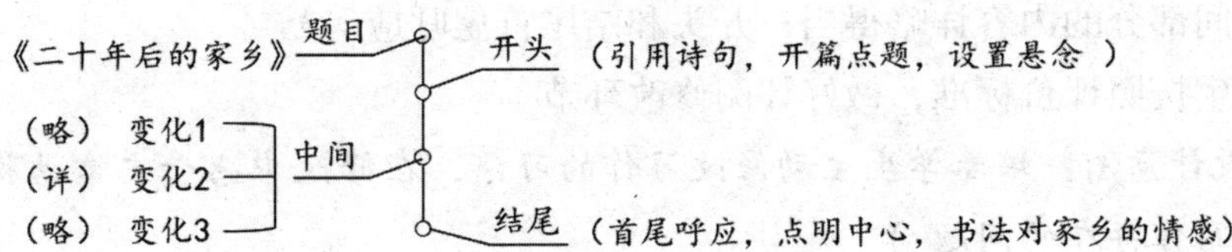

七、作业布置

结合提纲，完成《二十年后的家乡》400字写作。

第二课时

一、复习导入，欣赏优秀提纲

教师PPT展示学生提交的优秀提纲范例，请同学结合提纲参考标准进行交流。

（设计意图：复习导入如何修改提纲，有意识唤起学生关于提纲的经验，培养学生主动复习巩固知识的能力。）

二、师生明确习作评价标准

教师引导学生小组合作，从写作要求入手，从书面、语言表达、结构内容、个人感悟四个方面加以制定评价标准，教师补充、筛选整理。

学生小组合作，大胆谈自己的评价标准，由小组长收集汇报。

（设计意图：让学生结合自己习作中易出现的问题主动参与拟定习作修改与评价标准，有利于培养学生的问题意识，激发学生乐于修改作文的兴趣。）

三、学生交叉评阅习作

教师将整理的评价标准出示在PPT上，学生对照得分评价表，互相评改并提出修改意见。（教师提供修改建议：内容更具体，情感更突出可以引用诗歌；中间部分的内容详略得当；开头和结尾首尾呼应等）

学生按照评价标准，做好评阅修改环节。

（设计意图：培养学生主动修改习作的习惯，在修改中感受文章结构和发现自己写作存在的问题。）

四、课堂总结

师：在同学们的笔下，二十年后的家乡已然变焕一新，在这众多变化中，我感受到大家对家乡始终不变的关心与热爱。是啊，不论何时，家乡都是我们生命的源泉，是我们前行的力量，是我们灵魂深处永恒的港湾。

五、板书设计

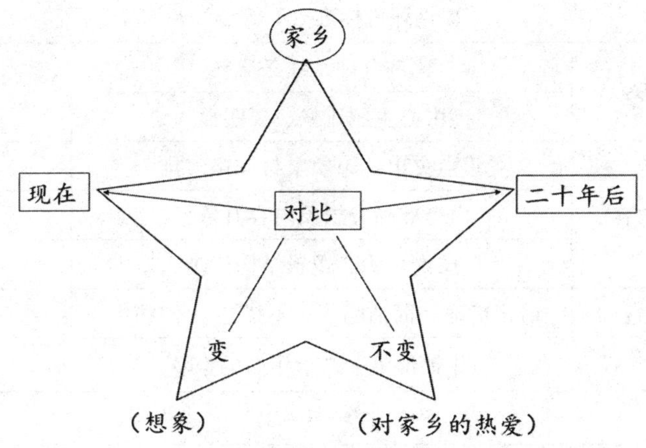

六、作业布置

结合修改意见，完善自己的习作。

附：

《二十年后的家乡》导学单（选择三项并写出变化）		
	现在	二十年后
环境		
旅游方式		
饮食		
着装		
交通方式		
医疗水平		
娱乐方式		
工作方式		
支付方式		

续表

《二十年后的家乡》导学单（选择三项并写出变化）		
其他		

提纲评价标准（1-5 分）			
有型	提纲形式	比例合理，线条流畅	
		中心主题流畅、要明显	
有料	提纲内容	重点突出：想象素材详略安排	
		内容准确：想象内容有依据	
		层次分明：逻辑结构清晰	
	提纲语言	语言精确（简洁明了，不描述、不啰唆）	

习作评价单　二十年后的家乡			
评价目标	评价内容（1—8）	自评	互评
书面达标	字迹工整，页面整洁，错别字少		
	标点准确，段落分明，字数达 500 字以上		
语言流畅	语句通顺，用词准确，句子完整，表达生动形象		
情感真挚	能在习作中真实地抒发对家乡变化的情感，突出文章中心		
写法灵活	灵活恰当运用修辞手法，有独特的叙述视角突出二十年后家乡特点		
结构清晰	能根据习作提纲，按一定记叙顺序写作，详略得当		
内容丰富	能从日常生活所见所闻中选择新颖的写作素材，能结合具体事物、具体现象写出二十年后家乡的巨大变化，把二十年后家乡重点变化部分写具体		
总评等级 （A：6-8　B：4-6　C：1-3）			
教师评价：			

第九节　《神奇的探险之旅》教学设计

【教材分析】

《神奇的探险之旅》是统编版小学语文教材五年级下册第六单元的习作。单元导语中“思维的火花跨越时空，照亮昨天、今天和明天”，提示了本单元的主题是“思维的火花”；而“了解人物的思维过程，加深对课文内容的理解”是从阅读的角度提出的语文要素，“根据情境编故事，把事情发展变化的过程写具体”是本单元习作的语文要素。

本单元《自相矛盾》《田忌赛马》《跳水》三篇文章，让学生在具体的故事中有意识地关注事情发展的变化过程，更好地关注和了解人物的思维过程，从而加深对课文内容的理解，培养学生的发散性思维能力。“语文园地”中对修改符号的运用，引导学生系统地巩固如何用规范符号修改自己的习作，培养学生自查自改的学习能力。

从习作部分来看，本次习作的主题是“神奇的探险之旅”。教材首先通过两个反问激发学生的写作兴趣，让学生成为探险作品的创作者，从读者身份转为作者身份。其次，编者为学生创作探险故事提供了四个学习支架，分别是“你希望和谁一起探险，人物有什么性格？去哪儿探险？带什么装备？会遇到什么险情？又是如何化险为夷的？”让学生在合理想象的维度中拓展思维，将故事变得生动有趣。再次，教材提出了三个具体的写作要求：展开丰富合理的想象、写具体遇到的困境和求生方法、体现探险过程中的心情变化。最后，要求学生写完后认真修改自己的习作。

《神奇的探险之旅》教学设计一

【教学目标】

1. 能根据教材提示，展开合理的想象，写清楚一个探险故事。

2. 能把故事中遇到的困境、求生方法写具体。

【教学课时】2 课时

【教学过程】

环节一：视频导入

播放鲁滨孙探险的视频，请学生结合视频交流他们眼中的鲁滨孙。

今天我们也来发挥我们的想象力，写一篇精彩的探险故事吧！

（设计意图：以视频的方式导入，能快速吸引学生的注意力，也为没有接触过探险故事的同学提供一些借鉴，扩展想象空间。）

环节二：确定习作要素

1. 结合教材，选择探险队友，并用以下句式进行交流。

我选择______和______，因为__________________。

2. 结合教材，选择要去的目的地，并用以下句式进行交流。

我选择去______，因为这里__________________。

3. 结合教材，选择准备带的装备，并用以下句式进行交流。

我选择带______，因为__________________。

4. 结合教材，想象可能会遇到的险情，并用以下句式进行交流。

我们可能会遇到______，因为这里__________________。

（设计意图：帮助学生明确写作的要素，拓宽学生的想象思路，缓解学生的畏难情绪。）

环节三：指导加工

1. 结合上一环节交流的内容，小组内口述自己的探险故事，并结合同伴的意见调整自己的故事。

2. 结合以下要求完成习作

（1）你的探险故事中队友、目的地、装备、遇到的险情都写到了吗？

（2）你们遇到的险情是什么样的呢？如果好朋友看了你写的险情，会不会为你捏一把汗？

（3）遇到险情的时候，你和你的队友是什么反应？包括心情、语言、动作等方面。

（4）你和你的队友如何发挥他们的特长、利用所带的装备度过这次危险的？

(5) 危险过后，你和你的队友的反应是什么？包括心情、语言、动作等方面。

（设计意图：提供习作要求，为学生动笔明确方向，也通过问题引导学生将遇到的险情、求生的方法写具体。）

环节四：交换阅读，提出修改意见

请学生互相交换阅读习作，并为对方指出精彩的地方和提出修改建议。

（设计意图：采取同学间互相阅读修改的方式，既能让学生明确习作的要求，又能使学生借鉴其他同学的习作，扬长避短。）

【板书设计】

神奇的探险之旅

你的队友	
你的目的地	
你的装备	
你遇到的困难	

《神奇的探险之旅》教学设计二

【教学目标】

1. 能借助学习支架，按照事情发展顺序合理选材并大胆想象探险的全过程。

2. 学会梳理探险计划，将探险过程写具体，并尝试写出心情变化。

3. 学会用规范符号修改自己的习作，体会探险之旅中的惊心动魄。

【课时安排】 2 课时

【教学过程】

第一课时

一、名著导入：激探险之梦

请学生回忆《西游记》，并回答以下问题：

1.《西游记》的作者是谁？

2. 讲了一件什么事儿？我们经历了多少困难？

3. 人物之间的关系是什么？各自又有什么特长？（ppt 展示）

师：大家对《西游记》真是太熟悉了，师徒四人的取经过程真是一个精彩的探险之旅呀。今天就让我们化身创作小能手，编一个惊险刺激的探险故事吧！

（设计意图：利用学生熟悉的名著引出今日习作主题，激发学生的兴趣，调动学生已有经验，有意识的注意到探险之旅所需具备的基本条件：人物、事件、遇到的困难、解决的方式与结果等，同时引导学生体会探险的挑战与危险。）

二、自主审题：明写作要求

在正式成为探险创作者前，请学生浏览教材，勾画出本次习作的要求，并与大家共同分享。

明确：

1. 这是一篇想象习作，要展开丰富合理的想象；

2. 探险故事要先设定人物，场景，装备，险情；

3. 遇到的困境，求生的方法要写，具体还可以将心情变化写出来；

4. 要学会自己修改。

（设计意图：在审题过程中培养学生自主学习的能力，审题立意是写作前最为关键的一步，教师要敢于放手让学生自己去发现。）

三、提供支架：构探险要素

师：同学们，写一个有趣的探险故事，我们得先要有一个周密的计划。

现在请同学们根据导学单，小组合作完成第一部分探险计划，再根据教师提供的交流句式来表达自己的探险故事。（四人为一组，教师 PPT 展示课本提供的学习场景、装备支架）

（设计意图：通过制定计划，小组合作选择和整合素材，将学生已有写作经验迁移到创作探险故事中。同时引导学生梳理所选的写作素材，教师提供表达样式，培养学生语言表达能力，提升学生逻辑思维能力。）

问题一：你想去哪儿探险？目的地是什么？要带什么装备？

交流句式：为了____，我打算去____探险，我计划带上____等装备，因为这些装备能让我____。

问题二：你是单独探险还是组探险小队？如果要组成探险小队，你想和谁一起？为什么？（PPT 出现人物）

交流句式：这次和我一起探险的队员有____和____，因为____，所以我选择了他们。

师指导：参与探险的人可以是探险经验的专业人士，也可以是富有个性的同龄人。

问题三：《西游记》九九八十一难让我们读起来津津有味。那你的探险故事是否也有“难”呢？你又是如何化险为夷的？

交流句式：探险过程中我们遇到了____险情，我们用____的方法成功化险为夷。

明确：要根据所选地点合理想象发生的险情。

问题四：在这次探险中你的心情是否有变化？如果有变化，又是如何变化的呢？

交流句式：探险前我心情____，探险中刚开始我____，遇到险情时，我心情____，解决险情后我的心情____。

（设计意图：利用 PPT 展示图片的形式为学生提供探险同伴以及场景、装备、险情等示例，在合理想象和沟通表达中拓宽学生思维空间。）

四、范文再现：绘探险计划

《西游记》探险故事之所以有趣是因为有一波三折、激动人心的九九八十一难。如果想让探险故事变得惊险刺激，要将探险中所遇到的险情写得具体生动。（ppt 出示优秀范文，教师带领学生一起寻找写作方法。）

明确：

1. 可以用环境描写和人物的反应烘托出险情的危急。（情节曲折、环境描写、人物反应）

2. 化险为夷：可以充分发挥队友的特长，还可以使用所选择的装备。（人才装备发挥其用）

3. 探险时心情的变化贯穿其中让探险过程更有逻辑。（心情变化）

（设计意图：将编写探险故事与《西游记》再次联系，学生能结合对《西游记》的阅读经验，在阅读范文中寻找写作方法，培养学生自主思考的能力。）

本环节评价方式：学生合作完成导学单第二部分，组内互相交流，推选情节讲得精彩的代表起来分享本组探险过程（遇险——求生——脱险）以及探险中的心情变化。

五、总结归纳

本节课我们进行了一场神奇的探险之旅，同学们制定了周密的计划，我们也学到了人物反应中将情节写具体，在利用人才和装备中将求生方法写具体，最后还让心情变化贯穿其中，这样我们的探险故事就变得更加惊险刺激。

六、板书设计

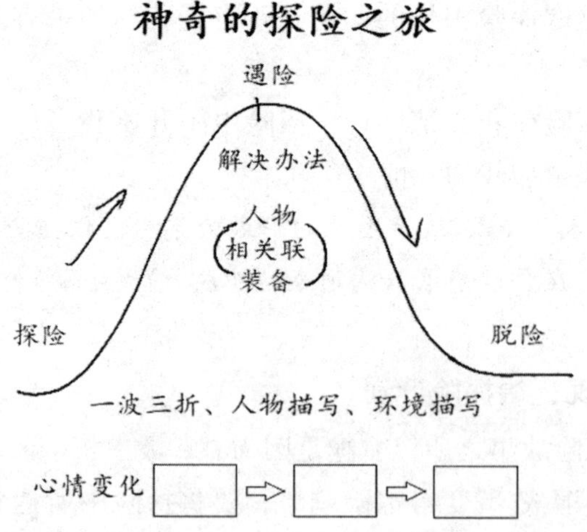

七、作业布置

结合学习单，完成400字的《神奇的探险之旅》习作。

第二课时

一、自评自查，学会修改

PPT出示“语文园地”中《一张画像》的修改稿。

师：同学们上节课根据自己的大胆想象完成属于自己的探险故事。俗话说一块好玉都是经过不断的细致打磨，好文章也是。这是叶圣陶爷爷为一位同学修改的作文，我们再次来回顾一下这些修改符号，重新认识这些老朋友后，请大家也学着叶圣陶爷爷的样子来修改自己的写作吧。

二、学生互评，欣赏佳作

教师将整理的评价标准出示在PPT上，学生互相评改并提出修改意见。

师：如果你认为你拿到的这篇习作写得很好，请你为其作者代言，说说他的故事哪里写得精彩，或者哪里可以修改，怎么修改？大家要有一双发现美的眼睛，将习作中的宝藏挖掘出来，和大家一起分享。

（设计意图：通过互评、互改，提升学生的反思意识、修改意识与能力。）

三、课堂总结

师：同学们，在这次惊心动魄的探险之旅中，或许我们感受了那危机四伏的险情，体会到了团结一致，克服困难的决心；或许在心情三百六十度大转弯后恢复平静；又或许在通过重重关卡后，我们寻找到了眼前一亮的宝藏。只要大胆的想象，思维的火花就会绽放在你们的故事里！

四、板书设计

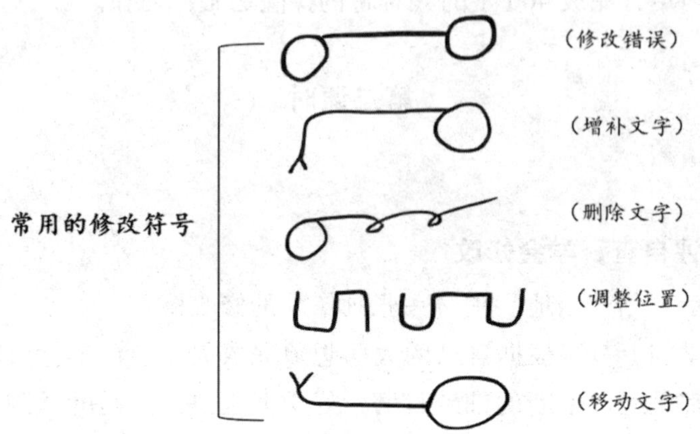

五、作业布置

根据修改意见，完善自己的写作。

附：

习作评价单：神奇的探险之旅			
评价项	评价标准	星级	评价共（ ）星
书面	字迹工整，页面整洁，错别字少。		
	标点准确，字数达 500 字以上。		
语言与情感	语句通顺，用词准确，句子完整。		
	探险心情变化完整，情感真实（读得有趣）。		
材料与中心（选材）	所选择的探险同伴、装备、事件与探险故事关系密切，能推动探险过程，突出文章中心。		
结构与思路（组材）	探险前：点明探险目的，铺垫过渡自然。		
	探险中： 采用一定顺序（倒叙、顺序、插叙）； 用多种方法对人物和环境进行描写； 大胆想象，探险过程曲折有趣，写清楚探险求生过程。		
	探险后： 深化文章主旨，体现自己探险后的感悟。		

续表

习作评价单：神奇的探险之旅	
习作等级 （A：6-8□ B：4-6□ C：1-3□）	

课堂导学单			
主题：神奇的探险之旅			
有趣的题目			
探险地点		目的地特点	
（第一部分） 探险前	探险目的		
	探险同伴		
	探险装备		
（第二部分） 探险中	设置险情		
	巧妙求生		
心情变化	____ ⇨ ____ ⇨ ____		
探险后感悟			

第十节 《变形记》教学设计

【教材分析】

《变形记》是统编版小学语文六年级上册第一单元的习作。单元导语中的“背起行装出发吧，去触摸湖海的心跳”提示了该单元的主题为“感受自然”。“阅读时能从所读的内容想开去”是本单元有关阅读的语文要素，围绕这一要素编排了《草原》《丁香传》《古诗三首》《花之歌》四篇课文，让学生在欣赏大自然的同时有意识地联系自己的生活经验想开去，丰富了想象的内容，拓宽了学生的思考维度。“习作时发挥想象，把重点部分写得详细一些”，则是本单元从习作角度提出的语文要素。关注想象的同时，对表达结构有了更高的要求。

本单元的习作“变形记”，引导学生把自己想象成“另一种东西”。教材首先从阅读课文《花之歌》引入，通过“如果你有这样一个机会……”提示学生本次习作的内容，激发学生的习作兴趣。接着，从“变得很小”和“变得很大”两个角度列举了蚂蚁、草、石子、大象、汽车、星球等事物，并以蚂蚁和路灯为例，介绍了事物变形后的变化，帮助学生打开想象的思路和角度。再次，提供了“地球自述”“我是一条幸福的蚯蚓”“飘在天上的日子”“夜晚，一棵大树下的故事”四个有趣的题目，不仅启发了学生拟题的方法，还启发学生从日常生活经验出发，选择自己乐于写的内容，激发学生的表达欲。最后，提出了习作的修改建议：要将变形经历重点部分写详细一些；由学生在互评过程中发现别人创作的闪光点和自己写作需要进步的地方；引导学生在自己设定的变形世界中完善习作，提升习作能力。

《变形记》教学设计一

【教学目标】

1. 能结合列提纲，理清楚习作的条理。

2. 能够分段叙述变形后的经历，能将精彩部分写具体。

3. 能在互相交换习作时，提出修改意见，也能根据同学的意见修改自己的习作。

【教学课时】 2 课时

【教学过程】

环节一：情境导入，了解习作要求

师：我这里有一瓶魔法药水（展示道具），它可以让你变成另一个事物 24 小时，24 小时过后，你还会变回来，你想变成什么呢？什么样的经历会让这 24 小时变得精彩无比呢？

生讨论交流。

请大家快速浏览并归纳本次的习作要求。

明确：发挥想象；变形后的经历；重点部分写详细。

回忆课文《花之歌》的内容：作者变成了花，并全部用花自述的口吻来进行写作，没有出现“花”这个字，这启发我们要沉浸式地变形，把自己完全设想为你想要变形的事物，全程用自述的语言记录这24小时的精彩经历。

（设计意图：情境导入，吸引学生注意力，能够有效激发学生的积极性。引导学生回顾《花之歌》为学生提示习作思路。）

环节二：理清思路，列习作提纲

1. 阅读教材提供的蚂蚁和路灯的示例，启发学生可以变成某种昆虫，也可以变成某种工具，可大可小。请学生交流讨论交流自己想变成什么。

2. 结合讨论的内容，完成自己的习作提纲。

开头：你想变成什么？这个事物有什么特征？

中间：哪些经历值得去写？你重点想写什么经历？这一经历发生在什么样的场景之中？你又打算使用哪些修辞手法？

结尾：变形后的感受

同学讨论后分享习作提纲，老师做指导点评。

（设计意图：借助课本上所提供的两段习作思路，引导学生注意习作的要点，再次强化学生列提纲的意识，为完成习作奠定基础。）

环节三：欣赏范文，完成习作

1. 出示教材中的四个题目，请学生齐读并说说这四个题目各自有什么妙处？

预设：

（1）地球自述——他想写的是地球，这个事物很出人意料，很独特。

（2）我是一条幸福的蚯蚓——选择的是平常的事物，但是会引发我的思考，为什么是幸福的？这样会吸引我去阅读。

（3）飘在天上的日子——他没有在题目中说清楚要变成什么东西，会让我猜测，激发我的好奇心。

……

2. 请选定一个习作题目，或结合以上题目重新拟一个习作题目。

（设计意图：通过读题目、交流拟题方式，为自己的习作拟一个有趣的题目。）

3. 出示范文《地球自述》，并请学生交流其精彩之处。

4. 结合范文，完成习作。

（设计意图：出示优秀范文，赏析范文，帮助学生理清写作思路，明确写作要点，直观且具体的感受如何把内容写具体，做到详略得当。）

环节四：交换习作，评选优秀

1. 将自己的习作读给小组内的同学听，请他们提提建议。

2. 结合组员的修改意见，再次修改习作。

（设计意图：采取同学间互相阅读修改的方式，加强生生合作与互动，提升学生的习作修改意识。）

【板书设计】

题目：《…………》

开头：我想变成……

中间：它的特征……

奇妙经历……（重点写）

结尾：变形后的感受……

《变形记》教学设计二

【教学目标】

1. 能联系生活经验，展开丰富合理想象。

2. 会写有趣的题目，有条理地记叙变形后的经历，把重点部分写详细。

3. 会在自评与互评中修改自己的习作，感受变形后的奇思妙想。

【课时安排】 2 课时

【教学过程】

第一课时

一、创设情境，激“变形”之趣

教师播放关于“孙悟空与二郎神”对战时互相变化较量的视频，提醒学生观察二人分别变成了什么，感受变化神奇。

师：孙悟空、二郎神摇身一变就变成了不一样的角色，太神奇了！大家想不想拥有孙悟空七十二般变化的本领呢？今天就让我们来体验这有趣的百变生活吧！

（设计意图：采用播放学生热爱的《西游记》中的经典片段，引起学生的注意与共鸣，让学生更好理解“变”，激发学生的学习兴趣。）

1. 自主审题，明“变”之要求。

快速浏览教材，勾画出关键信息。

明确：

（1）本次习作主题是变形记；是一篇想象作文。

（2）要拟一个有趣的题目，把“变形”后的经历写具体，注意重点部分要详细。

（3）写完之后，与同学互评，并主动修改。

2. 想象交流，体验“变”的乐趣。

（1）结合“我想变成……，因为……”这一句式，说说如果你也会七十二般变化，你想变成什么？原因是什么？

预设：

1. 变成鸟，可以在天空自由自在飞，想去看各种各样的风景。

2. 变成鱼，小时候总听说鲤鱼跳龙门的故事，我也想变成一条鱼，虽然不能亲眼看龙门，但是可以探索海洋世界。

3. 我变成化妆镜，可以随时伴着妈妈，见证妈妈的快乐。

……

（设计意图：引导学生从自身经验入手，同学们畅所欲言，发挥自己的合理想象，同时培养学生的口语表达能力。）

师总结：同学们的想象真丰富，老师总结下来，同学们想变成的各种各样的事物，有植物（花，树）、动物（鸟、鱼、甲壳虫等）、其他事物（身边常见）。大家想要变化的原因总结看来是为别人服务的，比如为环保想要变成垃圾处理器，想变成夜里的路灯，照亮他人；也有是为了自己有益的，比如有同学想变成奥特曼卡片，希望朋友们都喜欢我，有同学喜欢鸟儿拥有飞的能力去畅游全世界。

（设计意图：教师及时反馈总结学生想要变形成什么和为什么变形的原因，引导学生想得更合理、更有逻辑和意义。）

（2）请学生大胆想象，小组合作讨论：变形后的你有什么变化？有哪些经历？

师总结：变形后的变化主要体现在外形，生活的环境，身边的伙伴，生活习惯，能力，看问题的角度等方面，其中，变形后的经历有开心的也有难过的。

（设计意图：引导学生结合生活中的已有经验打开思维，充分展开联想，讲清楚自己编的故事。）

二、聚焦经历，构写作思路

1. 出示教材中关于“变成蚂蚁”和“变成路灯”的片段，请学生观察二者的区别。

预设：

（1）蚂蚁可以爬来爬去，是动态；路灯是固定的，是静态。

（2）蚂蚁的经历随着它的行动在变换，经历是有顺序的，而路灯的经历都是在同一地方的不同情景，可以同时看到。

师总结：两个例子的写作思路分别是递进式和并列式。

2. PPT 出示两种思路的提纲。

“变成蚂蚁”的结构：递进式，由浅入深，层层深入。（有顺序）

“变成路灯”的结构：并列式，同一角度不同观察点。

小结：在写作中将写作素材确定后，采用以上递进式或并列式的写作思路会让我们的文章更有逻辑，层次也更加清晰。

（设计意图：教师总结讲解两种写作思路，为学生习作组材具有引导意义。让学生在写作过程中思路更清晰。）

三、趣拟题目，赏具体片段

1. PPT出示教材中的几个题目，并请学生思考拟题的角度。

明确：

（1）要说清楚自己变成地球后的经历。（关注写作角度）

（2）写出变形后的感受是幸福，自由还是难过等。

（3）以变形后的状态为题，云是飘在天上的，如果我写鱼可以写游在水中的日子。

小结：关注感受，地点，时间等关键词。

2. 请学生按照自己想变成的事物和经历自由拟题。

（设计意图：用好教材中的素材来解题，打开学生的思路，在模仿中创新写作经验。）

3. 将重点内容写具体。

PPT出示修改前和修改后的对比习作，请学生说说哪个更具体？是如何体现的？

明确：

（1）在关键情节要学会分解动作，用放大镜将动作写具体。

（2）有环境描写的地方可以用修辞手法。

（3）在重点部分写变形后的感受，可以用心理描写和语言描写。

（巧用动词，善修辞，移用人的体验。）

（设计意图：借助升级对比片段，师生在交流中就重点部分的写法达成一致，有针对性的指导写作重点。）

四、课堂总结

本节课大家拥有了孙悟空的七十二般变化，在想象的王国里变成了各种各样有趣的事物，也有了不一样的奇特经历。真期待大家笔下变形后的有趣故事，课后赶紧动笔写一写吧。

五、板书设计

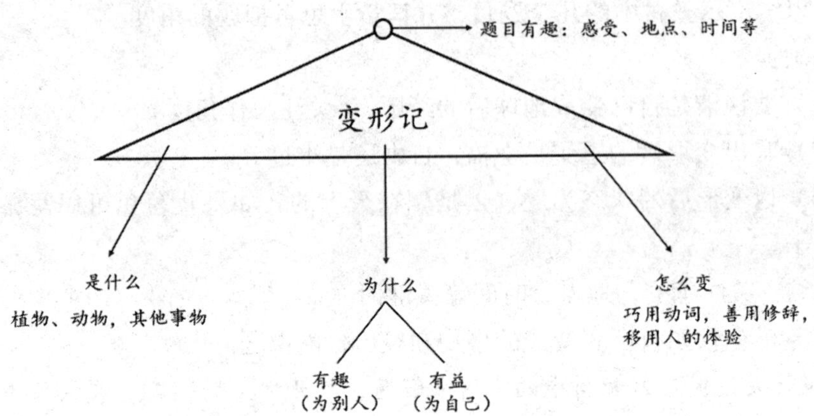

六、作业布置

写提纲并完成习作的第一自然段。

列提纲提示：

开头：点题“变形”；

中间：确定写作思路（递进或并列），详略部分标清楚；

结尾：变形后所经历的感受。

第二课时

一、温故知新，完善写作

教师先回顾如何将重点部分写具体，请学生结合提纲，完成剩余习作部分。

（设计意图：将完善写作安排在课堂上，采取定时写作，确保每一位学生及时完成。）

二、重读习作，自我检查

学生默读自己的习作，教师出示评价标准，学生自检。

（PPT 展示：检查错别字，语病，标点符号的使用，字数，文章结构）

（设计意图：学生自我评价是按照标准自我评定的过程，有助于学生自我认识，自我分析，自我提高。）

三、学生互评，欣赏佳作

1. 四人一组，前后桌组合相互交流学习，教师出示评价标准，学生互相评改。

2. 写得好的作品收集成册，摘录成为班报。

（设计意图：通过丰富习作评改方式、拓宽习作展示途径，提升学生的习作兴趣。）

四、课堂总结

通过本次写作，希望大家在生活中也保持着对世界的好奇，这样我们的想象翅膀才会带我们飞得更高，看得更远。

附：

<table>
<tr><th colspan="4">习作评价单　变形记</th></tr>
<tr><th>评价项（加分项）</th><th>评价标准（1—5 分）</th><th>自评</th><th>互评</th></tr>
<tr><td rowspan="2">书面</td><td>字迹工整，页面整洁</td><td></td><td></td></tr>
<tr><td>标点准确，错别字少，字数达 500 字以上</td><td></td><td></td></tr>
<tr><td>语言表达</td><td>语句通顺，用词准确，语言生动形象</td><td></td><td></td></tr>
<tr><td rowspan="3">写法运用</td><td>写作素材安排有顺序（递进式或并列式），思路清晰，想象合理</td><td></td><td></td></tr>
<tr><td>题目自拟，新颖有趣。写清楚变形后的经历，情节完整，重点部分能详细生动</td><td></td><td></td></tr>
<tr><td>结尾与中心照应，写清楚变形后的感受</td><td></td><td></td></tr>
<tr><td rowspan="3">结构内容</td><td>开头：题目自拟，新颖有趣，意想不到的变形过程</td><td></td><td></td></tr>
<tr><td>中间：
写清楚变形后的经历。（递进式或并列式）
重点部分写的生动，详细，有趣；（动词、修辞、人物描写等）</td><td></td><td></td></tr>
<tr><td>结尾：与中心照应，写清楚变形后的感受。</td><td></td><td></td></tr>
</table>

续表

习作评价单　变形记			
评价项（扣分项）	评价标准（每个扣 1 分）		
书面	字数未达 500 字		
语言表达	乱用方言和网络流行语		
结构内容	漏写题目		
	记流水账，重复啰唆，内容简单，没有中心		
总得分			
学生互评	有待进步：		
	闪闪发光：		
教师评价			

第十一节　《笔尖流出的故事》教学设计

【教材分析】

《笔尖流出的故事》是六年级上册第四单元的单元习作。本单元的单元导语“小说大多是虚构的，却又有生活的影子”，提示了本单元是小说单元。“读小说，关注情节、环境，感受人物形象”是与阅读有关的语文要素。围绕这一语文要素，本单元选编了《桥》《穷人》《金色的鱼钩》三篇中外小说，《桥》旨在让学生体会环境描写和情节设置对塑造人物形象的作用；《穷人》和《金色的鱼钩》旨在让学生体会人物对话和心理描写对塑造人物的作用。三篇课文均强调了环境描写、心理活动、对话等对人物塑造和故事情节的重要性。“快乐读书吧”推荐学生阅读高尔基的小说《童年》，引导学生在阅读时检验自己学到的欣赏和创作小说方法，有助于巩固实践，提升学生的思维能力。

“发挥想象，创编生活故事”，是与习作有关的语文要素。本单元的习作围绕“笔尖流出的故事”这一话题，要求学生创编生活故事。教材首先引导学生回顾本单元学习的几个虚构故事，调动学生的生活经验，启发学生这些故事虽然虚构，但读起来像生活中发生过的一样，能在生活中找到影子。从已掌握的知识中关注习作，降低了学生对习作的畏难情绪。接着明确了本次的习作内容，在提示学生写好故事需要想象曲折的情节、鲜明立体的人物形象的基础上，为学生提供了三组环境和人物，让学生从中选择一组或自己创设一组，展开丰富的想象，创编故事。三组支架创设的环境（校园、街头、村庄）都是以学生熟悉的生活为基础，更是以学生身边有鲜明特点的人物为主，适合学生展开丰富的想象。再次教材分条罗列了本次习作的要求：故事要围绕主要人物来开展；把故事写完整，情节尽可能吸引人；要试着写出故事发生的环境，还可以写人物的心理活动。最后，提出了在班里开展故事会进行习作分享、交流的要求。

《笔尖流出的故事》教学设计一

【教学目标】

1. 能围绕主要人物展开丰富的想象，创编生活故事。

2. 能把故事写完整，情节尽可能吸引人，能试着写出故事发生的环境和人物的心理。

【教学课时】 2 课时

【教学过程】

环节一：旧知导入，明确习作要求

1. 回顾《桥》的内容，感受其中紧张的环境、人物高尚的品质、有悬念的情节。

2. 请学生齐读教材 68 页下方的写作要求，并用自己的话进行归纳。

（设计意图：通过回顾前面学习过的课文，自然过渡到本次的习作要求，同时以旧知识导入也能够让学生更能理解本次习作的要求。）

环节二：构思人物环境，明确写作要素

1. 请学生读教材提供的三组环境和人物，并尝试分析其特点。

明确：

（1）环境很特殊，但又是生活中常见的场景。

(2) 人物个性鲜明，或人物之间存在某种关系。

(3) 人物和环境之间是有关联的。

2. 请学生选择一组环境和人物，构思故事情节，完成下列填空。

(1) 故事环境：________________

(2) 故事中的人物关系：________________

(3) 你想到的情节：

情节①________________；

情节②________________；

情节③________________。

3. 小组之间分享交流自己的构思，并围绕以下几点共同思考和调整自己的构思：

(1) 是不是删去故事中的环境对你的故事也没有影响呢？如果是，那要怎么修改呢？

(2) 你构思的情节能体现人物的性格和关系吗？如果体现不了，大家有什么好的建议呢？

(3) 听了你的构思后，大家能感受到的人物形象跟你设想的一致吗？如果不一致，大家有什么好的建议呢？

4. 根据小组的建议，修改自己的构思。

(设计意图：明确习作要求，借助教材提供的材料引导学生直观理解环境与人物的关系以及主要人物的个性。)

环节三：完成习作

根据小组间的交流，将修改好的构思写成习作，并注意以下几点：

1. 可以在开头、中间、结尾三处写到环境。开头，可通过环境写出故事发生的背景；中间，可将环境与情节的发展产生联系；结尾，可将环境与人物形象或人物关系融为一体。

2. 选择其中你认为最能体现人物形象的一个情节即可；

3. 在写这个情节时，锁定给人物设置的形象。

4. 可通过语言、细节、动作、神态等描写突出人物形象。

(设计意图：将上一个环节口头的讨论成果形成文字，同时在习作过程中通过四个注意点，为学生的习作提供支架与参照。)

环节四：习作修改与评价

1. 习作初稿完成后，参照以上注意点自行核查、修改自己的习作。

2. 参照以上注意点，小组内交流、修改自己的习作。

3. 学生自荐，进行班级分享与交流，师生共同评价，学生对照反思、修改自己的习作。

4. 在班级举行故事会分享自己的习作，并评出“故事大王”。

（设计意图：通过多次修改习作，培养学生的修改意识；通过故事会的形式，丰富习作的评价方式，提高学生的习作兴趣。）

【板书设计】

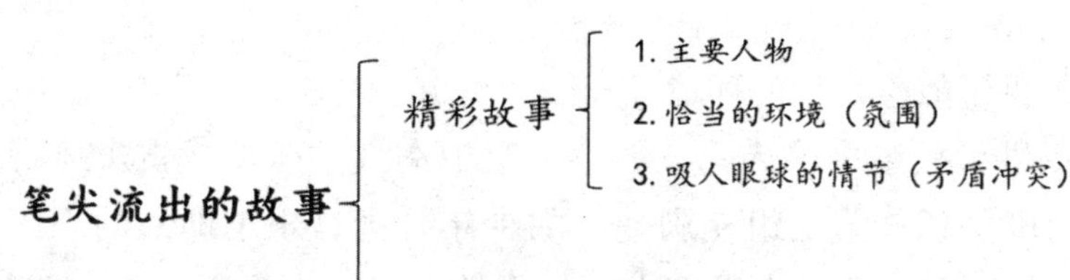

《笔尖流出的故事》教学设计二

【教学目标】

1. 围绕环境和人物展开丰富想象，能大胆创编生活故事。

2. 能巧妙设计情节，用多种描写手法塑造人物形象。

3. 学会修改作文，体会小说故事的魅力。

【教学课时】 2 课时

【教学过程】

第一课时

一、回顾课文，情景导入

师：本单元三篇小说都是虚构的故事，读起来却像生活中发生的一样，令人回味无穷，是什么原因呢？本次习作课我们开展“故事会”活动来一探究竟！回顾本单元三篇小说，你发现这些故事有什么共同点？

明确：这三篇小说故事以生活中常见的事物为原型，有设计巧妙的环境，有鲜明的人物和吸引人的故事情节，其中还充满了久久无法忘怀的情感。小说故事源于生活又高于生活。（课件出示：小说三要素、小说与生活的关系）

（设计意图：本环节尊重学生的学习特点，带领学生对本单元的课文进行回顾和梳理，渗透本次习作时要注意的要素，为接下来的学习奠定基础。）

二、借助支架，构思故事

师：看一看教材提供的三组材料，你有什么发现？（ppt 显示三组材料）

明确：

（1）提供了故事发生的环境（校园、街道、村庄）。

（2）提供了故事中的人物。如第一组中淘气的张明，雷厉风行的班长，充满活力的班主任；第二组充满爱心的少年陆天，乐于助人的志愿者徐明；第三组中教材很巧妙地没有设定人物的个性，让学生自由发挥，在具体环境下大胆塑造人物特点。

（3）明确了故事中的人物关系。如，第一组是师生三人，第二组是爱心少年与志愿者，第三组是表兄弟。

（一）聚焦环境

1. 出示本单元例文，学习环境描写的方法和作用。

（1）出示《桥》《穷人》中的环境描写，讨论环境描写的作用和如何搭建环境来推动故事情节的发展。

预设：a. 环境描写能渲染气氛，推动人物心情、行为的变化来塑造立体鲜明的人物。《桥》通过大雨、洪水和桥营造了危急的环境，衬托出了老支书的沉着冷静、不徇私情的英雄形象。《穷人》通过环境描写交代了故事发生在海风呼啸的风暴场景中，也烘托出主人公桑娜和她丈夫勤劳、善良的品质。

b. 写好环境描写，要先关注故事设定的背景的特点，把细节放大，用上了比喻、拟人等修辞手法，能使环境描写更具有感染力。

2. 以读促写，将学到的环境描写方法运用到习作当中。

（1）借助支架，想象画面。（PPT 展示三组环境支架）

思考：你的脑海里浮现出了什么样的画面？这些画面带给你什么样的感

受？他们和人物之间有什么关系？

交流句式：在______地方，有______（巧运用修辞，聚焦两处细节描写），______人物出场（与环境联系）

预设：在开满丁香花的校园，微风吹过，一朵朵紫色的丁香花像一群小精灵，在树上跳起了欢快的舞蹈，风里都是清甜的香味。教室过道上，班主任李军老师后面跟着淘气包张明和班长王寒冰，他们正往操场走去。张明左看看老师，右看看班长，空气里的花香似乎对他来说变得越来越淡了。

在冬日黄昏时车来人往的街头：黄昏中冬日的寒风大雾中显得十分朦胧，只见一丝落日藏着云层里，缓缓往另一朵云窜去。一辆接着一辆的出租车、小轿车、自行车、小卡车行驶在回家的路上，马路一旁的行人搓着手、哈着气也匆匆忙忙，仿佛要在黑暗来临之前回到自己温暖的家。少年陆天和志愿者徐明在斑马线一头，他们的爱心给寒冷的冬天带来一丝温暖。

月光下的村庄：在寂静的村庄中，满天的星星装饰着这整片天空，皎洁的月光洒在树上，洒在路上，洒在田间、洒在房前屋后，给村庄披上了一件白色的薄纱。铁蛋和远道而来的表哥讲述着各自生活中的趣事，如水的月光见证了小哥俩纯真的童年。

（设计意图：给学生提供的思考和交流支架、让学生更好地感受环境描写渲染氛围、推动情节发展的作用，引导学生发挥想象、合理思考，使学生在习作中的表达更丰富。）

（二）立稳人物

1. 课件出示《穷人》人物描写片段，学生赏析交流。

明确：为了使自己设计的人物更饱满，可以加上人物的心理、动作、神态和语言描写，还可以在生活中寻找人物的“原型”，使自己笔下的人物描写得更真实、形象。

2. 请学生想想自己身边是否有和材料中相似的人物，他们的语言、动作、神态你是否留心观察过，结合自身经验想象、丰富材料中的人物，在小组中交流自己的看法。

（三）巧设情节

温故知新：PPT 出示《桥》《穷人》《金黄的鱼钩》这三篇小说的情节示意图。

师：看了这三篇小说的情节示意图，你发现情节有什么特点？

预设：

（1）情节要完整：交代事物的起因、经过和结果。

（2）情节有冲突才有看点：《桥》设计了四次人物冲突；《穷人》设计了渔夫是否平安回家和回家后能否同意收养孩子两个冲突。

明确：故事要有吸引人，情节要有趣，就要大胆想象故事中可能发生的冲突和解决冲突的办法，在冲突的发展中丰富人物形象。

4. 小试牛刀：选择属于你的材料，按照学习单，构思属于你的故事。(PPT 展示学习单)

（设计意图：本环节引导学生聚焦冲突，回顾课文中的精彩片段，唤醒学生已有的表达经验，尝试从学会构思故事到丰富自己的故事，使自己的故事的情节更吸引人，刻画的人物形象更鲜明。最后通过学习单的形式引导学生回顾本节课写作方法，让学生将所学方法运用到实践，在支架的帮助下，教师及时点拨有利于培养学生写作兴趣。）

三、教师总结

本节课，我们回顾了三篇小说，在讨论中发现，要创编一个好故事要有生动、有冲突的情节，要通过多种描写方法来塑造人物，还要学会运用环境描写烘托故事的氛围。方法往往需要实践才能辨别它是否有用。因此，同学们大胆发挥你们的想象吧！在给出的素材中编出属于你的有趣、精彩的故事吧！

四、板书设计

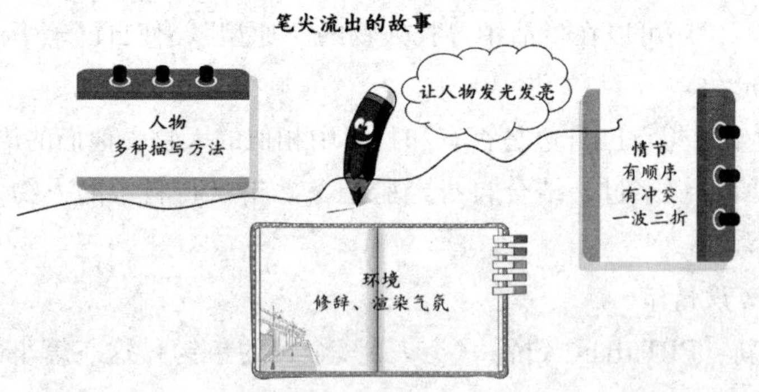

五、作业布置

整合自己设计的情节、人物和环境，完成习作。

附：

学习单：笔尖流出的故事	
人物	
环境	
起因	
经过	情节 1：
	情节 2：
结果	

第二课时

一、重读习作，自我检查

师：同学们，上节课我们学习了如何创编自己的故事，同学们也化身为一个个小作家写出了许多有趣的故事，这节课我们将开展故事会，看看谁的故事最精彩，能获得“故事大王”的称号，谁又能获得“故事修改大师”称号，让我们拭目以待吧！

修改自己的习作，要求：检查有无错别字，标点符号运用是否准确，语句是否通顺。

二、学生互评，欣赏佳作

1. 同桌互评

一读：和同桌交换认真读习作。

二勾：用红笔勾画出你觉得有趣的语句。

三评：对照评价单，评价同桌的习作，可以写出你认为可以修改和补充的地方。

（PPT 展示评价单）

习作评价单	
评价标准	互评
是否围绕主要人物创编了完整的故事	
是否情节曲折，设置了合理冲突	
有没有运用环境描写和心理描写突出人物形象	

（设计意图：学生运用学到的方法再次修改自己的习作，经历“模仿—体验—实践”的学习过程，获得写作能力的提升。运用评价单进行同桌互评，既体验到分享的快乐，又在评价中思考如何更好地运用方法将习作写得更精彩。）

2. 小组互评

（1）四人为一小组，交流彼此的故事，推选小组代表。

（2）小组代表在班级分享自己的故事。

（3）全班交流：推选自己最喜欢的故事，并颁发“故事大王”和“故事修改大师”称号。

（设计意图：召开班级故事会，从同桌互评到小组互评再到班级内互评，给学生搭建交流平台，提供更多习作交流的机会，激发学生的学习兴趣，并在自主对比、自主思考、自主发现中实现自主修改。）

三、教师总结

故事不难，难的是编一个生动、精彩的故事。我们在平时习作中也要养成勤于修改的习惯，多用你们善于发现美的眼睛，去积累更多的习作经验。这样，你们的想象才会带领大家紧握笔尖，流出一个个生动精彩的故事。而这些故事将陪伴着你们，成为你们生活中宝贵的财富！

四、板书设计

故事会

五、作业布置

结合修改意见，完善写作。

第十二节 《插上科学的翅膀飞》教学设计

【教材分析】

《插上科学的翅膀飞》是统编版小学语文六年级下册第五单元的习作。单元导语中的“科学发现的机遇，总是等着好奇而又爱思考的人”，提示了本单元的主题为“科学精神”。“体会文章是怎样用具体示例说明观点的”是从阅读角度提出的语文要素，围绕这一要素，本单元安排了《文言文二则》《真理诞生于一百个问号之后》《表里的生物》《他们那时候多有趣啊》四篇课文，这些课文呈现了人们不同的思考和探索，丰富了学生对“科学精神”的理解。

“展开想象，写科幻故事”是从习作的角度提出的语文要素。本单元的习作围绕“插上科学的翅膀飞”这一话题，先出示了人脑、星球和恐龙三幅插图，并用文字解释了三幅插图的内容，为学生提供了科幻故事想象的视角，启发学生可以从“人工智能”“星球探索”“时光旅行”等方面展开想象。再通过问题引导学生进行交流，让学生认识到科学技术与人们的生活和命运有密切的关系，拓宽学生的写作思路。接着，通过“在你的笔下，人物的生活环境会是怎样的”等问题，启发学生为自己的习作故事设定场景、解决问题。

最后，引导学生写好后与同学交流，并明确评价的标准是“奇特”又“令人信服”，然后按照要求修改完善习作。

《插上科学的翅膀飞》教学设计一

【教学目标】

1. 能展开想象，与同学交流关于科幻故事的想象，并在此基础上写出奇特并让人信服的科幻故事。

2. 能给别人的习作提出修改意见，也能结合别人的意见修改自己的习作。

【教学课时】 2 课时

【教学过程】

环节一：视频导入

播放电影《时间机器》的解说视频，引入关于科幻小说的习作。

（设计意图：视频导入，以经典科幻作品为代表，能够激发学生对科幻作品的兴趣，还能把这则经典故事作为参考，为学生提供创作思路。）

环节二：明确写作要求

1. 出示教材的三幅图，并请学生各选一幅图，说说如果大脑能直接从书上拷贝知识，人能在火星上生活，能用时光机穿越到恐龙时代，会发生些什么，每人至少想出三种可能。

2. 请学生思考并讨论：如果请你写一个科幻故事，你最想写什么内容？为什么？这些科学技术会对人们的生活和命运产生了什么影响？

3. 请学生浏览教材的内容，并梳理本次习作的要求。

明确：

（1）写科幻故事。

（2）要写人物的生活环境。

（3）写出不可思议的科学技术。

（4）这些科学技术会带给人物怎样的奇特经历。

4. 结合习作要求，从生活环境、科学技术的描述、科学技术带来的影响三个方面完善上一环节讨论的科幻故事。

（设计意图：通过学生自己浏览教材，明确习作要求。并按照习作要求充分讨论习作内容，为完成习作做准备。）

环节三：完成习作

1. 结合讨论，形成自己的习作提纲。

2. 结合习作提纲，完成习作。注意结合以下几点，使自己的习作看起来令人信服。

（1）写清楚科学技术是什么。

（2）抓住科学技术对衣、食、住、行、学习、娱乐中某一方面的影响与作用重点写。

（3）围绕第（2）条，编写一个情节。可通过设计主角遇到困难，科学技术帮助其解决了困难的情节。

（4）可以通过生动的描写，如外貌、语言、心理、动作等细节体现人物与科学技术的联系。

（设计意图：先写提纲，让学生对习作结构和内容做到心中有数；提出的四点习作要求，帮助学生写清楚科幻故事，让故事有说服力。）

环节四：习作品析

1. 学生自荐分享自己的习作，师生依照习作要求交流意见，其他同学根据交流反思、修改自己的习作。

2. 小组内交流分享自己的习作，结合组员意见再次修改习作。

3. 小组内评选出优秀习作，并粘贴到班级壁报栏。

（设计意图：通过两次修改，让学生明确本次习作的要求，同时增强修改意识，提高习作质量。）

【板书设计】

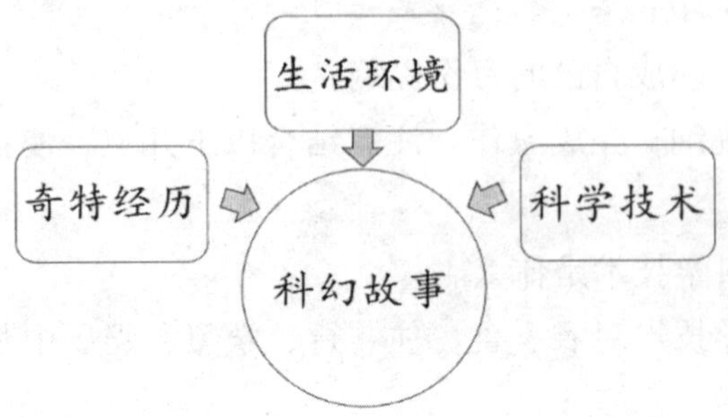

《插上科学的翅膀飞》教学设计二

【教学目标】

1. 了解科幻故事“科学+幻想+故事”的特点。

2. 能展开丰富想象，写出奇特而又令人信服的科幻故事。

3. 根据同学建议修改习作，感受科幻故事的神秘魅力。

【课时安排】2 课时

【教学过程】

第一课时

一、情景导入，明科幻特点

1. 出示哆啦 A 梦，帮学生回忆哆啦 A 梦：哆啦 A 梦的肚子上有个口袋，里面可以放很多东西，口袋中各种奇妙道具能帮助大雄解决生活中的问题。如果你也拥有这样的口袋，你会想做什么呢?

（设计意图：由学生熟悉的哆啦 A 梦导入，再引导学生讨论自己看过的科幻故事，在真实情境中激发学生的学习兴趣，创设有互动、有活力的课堂。）

2. 结合 PPT 中的例子，明确想象故事和科幻故事的区别。

明确：科幻故事除了基于生活、大胆想象之外，还融入了科学知识，植入了科学元素，可以把科幻故事的特点总结为“科学+幻想+故事”。

（设计意图：在对比观察中由学生自己总结出科幻故事的特点，有利于加深学生的印象。）

师：今天这堂课，我们将一起编写科幻故事，以“插上科学的翅膀飞”为题整理成册，放到我们的图书角。

二、拓展思路，多角度想象

1. 请学生翻开课本，看看这三幅图，展开想象，说一说：这三幅图分别画的是什么？会有怎么样的故事发生？

学生讨论发表自己的看法，教师相机点拨。

明确：三幅图分别是可以直接从书上拷贝知识的大脑、火星、借用时光机穿越到恐龙时代。进而明确三者的写作角度分别是超现实想象功能、宇宙星球、时空穿梭。

2. 请学生大胆想象：如果时空穿梭不仅能到几世纪之前看到想象中的大恐龙和许多现在灭绝了的其他动物，还可以穿越到未来，请小组内交流穿越到未来可能会发生什么事。

3. 请学生联系现有科学技术，想象这些科学技术在未来的更新迭代中的功能变化。

4. 写科幻故事时，并非仅限于写科技给人们生活带来的进步，也可以写科学技术带来的问题，或者写自己对科技发展的思考。

小结：刚才我们畅所欲言，通过探讨逐渐打开了习作思路，我们可以从超现实角度、时空穿梭、宇宙星球、现代前沿科技这些角度来思考。

（设计意图：引导学生主动寻找写作支架，充分调动学生的自主想象力，让他们根据课本上的三幅插图，在自主交流中探究写作角度，在拓宽想象的同时理清写作思路。）

三、交流互鉴，构角色情节

1. 请学生读一读教材中的问题提示，从中梳理出写科幻故事的要素。

明确：需要构思人物，所处环境，情节经历。

2. 以登上火星探险的科幻故事为例，引导学生关注环境、角色和情节。

(1）探究环境

教师提供助学支架：关于月球的资料（PPT 显示）

由学生概括月球特点，引导学生探究月球环境。

(2）探究角色

师：了解完环境之后，月球上有生物吗？如果有，外星人的外貌、动作、语言又是什么样的呢？如果没有，该如何塑造角色呢？让我们一起再来探究！

教师及时反馈：学生能结合环境特点巧妙构思，科幻故事逻辑合理，让人更可信。

(3）探究情节

师：和安稳的地球相比，危险重重的月球发生什么趣事呢？

预设：

1. 可以写我们在月球上不小心掉进了一个山洞，然后发现了外星人的地下城。

2. 还可以构思外星人把我们抓住了，然后我们反抗逃出来了。

3. 由于对月球生活环境的不适应，人类面临生存困难，可以写如何克服困难以及月球生活和地球不同而带来的一些不一样的发现和体验。

（设计意图：通过具体的话题引导学生从角色，环境，情节体会科幻故事的重要组成元素，进一步拓宽学生的想象空间，通过带领学生完成写作构思，为学生搭建写作平台，降低学生习作的难度。）

四、课堂总结

师：通过上面的学习，相信同学们对如何写科幻故事已经有了初步的认识，我们的写作角度可以是超现实想象功能，宇宙星球，时间穿梭，也可以是现代前沿科技。要想将科幻故事写得合理又有趣，我们还可以从具体的科学元素中探究环境和人物，在制造矛盾，设置悬念中丰富情节！

五、作业布置：

请同学们根据自己的构思，在课后完成一篇科幻故事。

六、板书设计

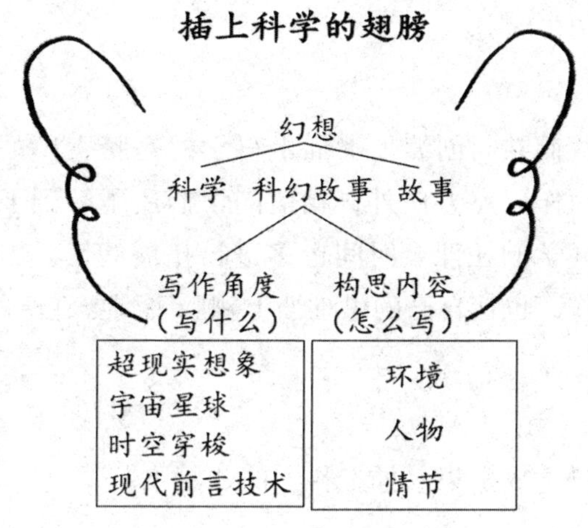

第二课时

一、反复推敲，自评习作

师：古往今来，凡是文章写得好的人，大都在修改上下过功夫。写作完成后，我们还要反复修改、完善。现在，请大家根据上述的例子，对照修改要求修改自己的习作。

查：是否有科幻故事的特点，是否有错别字，是否有标点符号错误。

改：修改语句不通顺之处，删改多余的地方。

二、学生互评，欣赏佳作

（PPT 出示评价单，同桌相互批评改）

师：请同学们先读一读同桌的习作，结合习作单为你的小伙伴打分。可以用红笔画出写得好的句子，用蓝笔添加你认为可以修改的地方，并在小组之间互相分享。在互相修改完善后，大家一起投票选出最精彩的科幻故事，收集成册制作出属于我们班的科幻故事集，书名就叫《插上科学的翅膀飞》。

（设计意图：修改习作是习作课上的重要环节，先自主修改，再同桌互改。两个修改环节，可以让学生多次训练如何修改习作，评出优秀习作，编订成班级书册，增强了学生的习作自信，提高学生的习作兴趣。）

三、课堂总结

本次写作课，我们共同创编了《插上科学的翅膀飞》的作品册。同学们在本次课除了学习写作思路方法外，相信同学们还了解到了许多有意义的科学文化知识。希望同学们在课余时间也多进行拓展阅读，丰富自己的创作头脑。多阅读，多创作，也让自己的思维插上翅膀飞到更辽阔的地方！

四、作业布置

小组合作制作科学故事集《插上科学的翅膀飞》。

附：

习作互评单　插上科学的翅膀飞			
评价要素	评价内容	分值	得分
书面基础	字迹工整，段落分明，页面整洁	5	
	标点准确，错别字少，字数达 500 字以上	5	
语言表达	语句通顺，句子完整，能准确传达科幻场景和情感	15	
结构思路	有一定的写作顺序（时间、逻辑、空间）；	7	
	开头结尾巧妙设计，详略得当；	8	
	故事逻辑清晰完整，突出科幻故事的主旨	10	
情节内容	具有科幻故事的特点，故事一波三折，能围绕科幻设定的新颖场景，灵活运用科学知识推动情节发展；	15	
	主题深刻，能借助科幻故事引发对社会、科技、个人生活等的独特深入思考；	15	
情感表达	情感与科幻内容紧密结合，情感能真实自然，丰富多元	20	
总分		100	

续表

习作互评单 插上科学的翅膀飞	
学生互评	值得学习：
	有待进步：
教师评价	

参考文献

一、学术专著类

1. 黎锦熙. 新著国语教学法 [M]. 上海：商务印书馆，1924.

2. 陈望道. 作文法讲义 [M]. 上海：开明书店，1951.

3. 舒新城编，中国近代教育史资料 [M]. 北京：人民教育出版社，1981.

4. 夏丏尊. 文章作法 [M]. 杭州：浙江文艺出版社，1983.

5. 周振甫. 文章例话 [M]. 北京：中国青年出版社，1983.

6. 刘锡庆. 外国写作教学理论辑评 [M]. 呼和浩特：内蒙古教育出版社，1984.

7. 十一所教育学院编写组. 写作与作文教学 [M]. 昆明：云南教育出版社，1986.

8. 陈必祥主编；王华敏等编. 中国现代语文教育发展史 [M]. 昆明：云南教育出版社，1987.

9. 吴祖兴. 议论文写作导引 [M]. 北京：清华大学出版社，1988.

10. 朱绍禹. 美日苏语文教学 [M]. 长春：吉林文史出版社，1991.

11. 顾黄初，李杏保编. 二十世纪前期中国语文教育论集 [M]. 成都：四川教育出版社，1991. 09.

12. 郑桂华，冯善亮. 初中作文实验教程（1-6 册）[M]. 汕头：汕头大学出版社，1993.

13. 吴立岗. 小学作文教学论 [M]. 南宁：广西教育出版社，1993.

14. 朱作仁. 小学作文教学心理 [M]. 福州：福建教育出版社，1993.

15. 王炳照，苏谓昌主编. 中国教育思想通史 [M]. 长沙：湖南教育出版社，1994.

16. 叶圣陶. 作文论-叶圣陶教育文集 [M]. 北京：人民教育出版社，1994.

17. 曾祥芹. 文章学与语文教育 [M]. 上海：上海教育出版社，1995.

18. 章熊. 中国当代写作与阅读测试 [M]. 成都：四川教育出版社，1995.

19. 施良方. 课程理论——课程的基础、原理与问题 [M]. 北京：教育科学出版社，1996.

20. 李杏保，顾黄初. 中国现代语文教育史 [M]. 成都：四川教育出版社，1997.

21. 陈黎明，林化君.20 世纪中国语文教学 [M]. 青岛：青岛海洋大学出版社，2002.

22. 李华兴主编. 民国教育史 [M]. 上海：上海教育出版社，1997.

23. 潘新和. 中国写作教育思想论纲 [M]. 北京：人民教育出版社，1998.

24. 郑国民. 从文言文教学到白话文教学——我国近现代语文教育的变革历程 [M]. 北京：北京师范大学出版社，2000.

25.《语文学习》编辑部. 作文指引 [M]. 上海：上海教育出版社，2000.

26. 顾黄初，李杏保主编. 二十世纪后期中国语文教育论集 [M]. 成都：四川教育出版社，2000. 09.

27. 课程教材研究所编.20 世纪中小学语文课程标准教学大纲汇编·语文卷 [M]. 北京：人民教育出版社，2001.

28. 钟启泉编. 学科教学论基础 [M]. 上海：华东师范大学出版社，2001.

29. 马正平. 中学写作教学引论 [M]. 北京：中国人民大学出版社，2002.

30. 钟启泉，崔允漷，张华. 基础教育课程改革纲要（试行）解读 [M]. 上海：华东师范大学出版社，2002.

31. 倪文锦. 初中语文新课程教学法 [M]. 北京：高等教育出版社，2003.

32. 王荣生. 语文课程论基础 [M]. 上海：上海教育出版社，2003.

33. 钱理群，孙绍振. 对话语文 [M]. 福州：福建人民出版社，2005.

34. 李白坚 .21 世纪我们怎么教作文 [M]. 上海 ：上海教育出版社，2005.

35. 周庆元. 语文教育研究概论 [M]. 长沙：湖南人民出版社，2005

36. 高志华. 中学生作文学 [M]. 西安：陕西师范大学出版社，2006.

37. 王荣生. 教学内容重构 [M]. 上海 ：上海教育出版社，2007.

38. 郑国民等. 当代语文教育论争 [M]. 广州：广东教育出版社，2006.

39. 朱水根. 新课程小学作文教学 [M]. 北京：高等教育出版社，2006.

40. 徐江 . 新课程议论文写作实验校本 [M]. 上海 ：上海教育出版社，2009.

41. 叶黎明. 写作教学内容新论 [M]. 上海 ：上海教育出版社，2012.

42. 郑桂华. 写作教学研究 [M]. 南宁：广西教育出版社，2018.

二、期刊论文类

1. 高人瑞. 小学作法学习心理的研究 [J]. 江苏省小学教师半月刊，1936 (13) .

2. 孙绍振. 关键词的多义性问题——2007 年：命题作文的复兴 [J]. 语文学习，2007 (Z1)：4-7.

3. 王荣生. 中国的语文课为什么几乎没有写作教学 [J]. 语文教学通讯(初中刊)，2007 (12) .

4. 刘森，王立敏. 透析美国新版“高考”写作试题 [J]. 语文教学通讯，2007 (28)：60-62.

5. 王荣生. 从文体角度看中小学作文教学——从《国文百八课》说起 [J]. 上海教育科研，2008，(03)：61-62.

6. 倪文锦. 关于写作教学有效性的思考 [J]. 课程. 教材. 教法，2009 (03)：24-27.

7. 倪文锦. 一个足以撬动作文难巨石的支点——评《这样教写作不难》[J]. 语文建设，2018，(19)：76-79.

8. 倪文锦. 怎样看小学生写作核心素养 [J]. 语文教学通讯，2017，(Z3)：1.

9. 叶黎明．想象类习作指导的目标、取向与策略［J］. 小学语文教师，2019，(12)：4-9.

10. 王荣生．写作课堂教学：现状与出路［J］. 中学语文教学参考，2019 (Z1)：16-18.

11. 吴勇，杨文华，徐俊，汪璐璐，周爱华，周海波，王蕾，庞芳，王宁，朱卉．想象类习作"教"什么，怎么"教"——统编教材小学语文想象类习作教学谈［J］. 小学语文教师，2019 (10)：66-68.

12. 叶黎明．想象类习作指导的目标、取向与策略［J］. 小学语文教师，2019 (12)：4-9.

13. 倪文锦．童漫作文：儿童习作的新动力［J］. 语文建设，2020 (22)：74-77.

14. 倪文锦．童话教学中的人文精神教育［J］. 课程教材教学研究（小教研究），2020 (Z3)：60.

15. 倪文锦．"百仕达"功能性写作教学点评［J］. 语文教学通讯，2020 (03)：33-34.

16. 郑桂华．以评导写，丰富写作教学的样态［J］. 中学语文教学，2020 (01)：32-38.

17. 叶黎明．想象类习作的两种价值取向［J］. 课程教材教学研究（小教研究），2020 (Z5)：91.

18. 吴勇．让学生在习作中富有"创造感"——想象类习作教学探究［J］. 小学语文教学，2020 (13)：40-42.

19. 倪文锦．呼唤语言训练与思维训练的回归［J］. 小学语文，2021 (Z2)：4-9.

20. 叶黎明．把评价整合进写作课堂教学中［J］. 教育研究与评论，2021 (02)：35-40.

21. 叶黎明．序列化知识对学生有用吗［J］. 课程教材教学研究（中教研究），2021 (Z3)：19.

22. 夏永恒．以思维可视化促进学生习作的具体化——以统编教材五年级下册"神奇的探险之旅"教学为例［J］. 语文教学通讯·D 刊（学术刊），2021 (08)：22-24.

23. 颜琳．基于心理学理论的小学语文统编教科书想象习作的实施策略

[J]. 中小学教材教学，2022（02）：51-55.

24. 叶黎明．从事故到故事：巧借生活契机炼制写作学习要素［J]. 中学语文教学，2022，(07)：32-39.

25. 常冰．依托教材，探寻想象路径［J]. 小学语文教学，2022（08）：7-9.

26. 戚荣慧．紧扣核心信息提升三种能力——写好神话类想象习作教学谈［J]. 小学语文教学，2022（20）：11-12.

27. 郑桂华．聚焦复合文本写作，提升跨媒介表达能力［J]. 中学语文教学，2023，(01)：36-41.

28. 王荣生．写作知识与学习写作——《思辨性写作 30 课》序［J]. 语文建设，2023，(17)：77-80.

29. 王少莹．统编小学语文教材想象类习作编排特点与教学建议——以第二学段为例［J]. 福建教育学院学报，2023（11）：28-31.

30. 叶黎明．应用学习科学知识，促成写作活动中的意义学习［J]. 中学语文教学，2024（10）：33-40.

31. 郑桂华．寻找合适支点，改进写作教学的逻辑思维训练［J]. 中学语文教学，2024，(02)：33-39.

32. 朱丽凤．学段视域下想象类习作教学［J]. 小学教学参考，2024 (22)：90-92.

三、学位论文类

1. 何更生．知识分类学习论和教学论在作文教学中的应用研究［D]. 华东师范大学博士学位论文，2001.

2. 周泓．小学生写作能力研究［D]. 西南大学博士学位论文，2002.

3. 孙莺．初中作文评价研究［D]. 华东师范大学博士学位论文，2005.

4. 叶黎明．语文科写作教学内容研究［D]. 上海师范大学博士学位论文，2007.

5. 魏小娜．语文科真实写作教学研究［D]. 西南大学博士学位论文，2009.

6. 刘明．小学作文书面评语研究［D]. 西南大学博士学位论文，2010.

7. 张建春．高中语文作文评价研究［D]. 延边大学博士学位论文，2010.

8. 刘光成．百年中学作文命题研究［D］．湖南师范大学博士学位论文，2010.

9. 荣维东．写作课程范式研究［D］．华东师范大学博士学位论文，2010.

10. 周子房．写作学习环境的建构［D］．华东师范大学博士学位论文，2012.

11. 邓彤．微型化写作课程研究［D］．上海师范大学博士学位论文，2014.

四、课程标准类

1. 中华人民共和国教育部．义务教育语文课程标准（2011 版）［S］．北京：北京师范大学出版社，2012.

2. 中华人民共和国教育部．全日制义务教育课程标准（2022 年版）［S］．北京：北京师范大学出版社，2022.